全面从严治党新举措
QUANMIAN CONGYAN ZHIDANG XIN JUCUO

《中国共产党问责条例》解读

>>> <<<

《全面从严治党新举措》编写组 ◎ 编

新华出版社

图书在版编目（CIP）数据

全面从严治党新举措 /《全面从严治党新举措》编写组编. -- 北京： 新华出版社， 2016.7（2025.3重印）

ISBN 978-7-5166-2722-8

Ⅰ.①全… Ⅱ.①全… Ⅲ.①中国共产党 - 党的建设 - 研究 Ⅳ.①D26

中国版本图书馆CIP数据核字(2016)第178902号

全面从严治党新举措

编　　者：	《全面从严治党新举措》编写组
责任编辑：	赵怀志
封面设计：	臻美书装

责任印制：	廖成华		

出版发行：新华出版社
地　　址：北京石景山区京原路8号　　邮　　编：100040
网　　址：http://www.xinhuapub.com　http://press.xinhuanet.com
经　　销：新华书店
购书热线：010－63077122　　中国新闻书店购书热线：010－63072012
照　　排：臻美书装
印　　刷：大厂回族自治县众邦印务有限公司
成品尺寸：170mm×240mm
印　　张：9　　　　　　　　　　字　　数：100千字
版　　次：2016年8月第一版　　印　　次：2025年3月第三次印刷
书　　号：ISBN 978-7-5166-2722-8
定　　价：24.00元

版权专有，侵权必究。如有质量问题，请与出版社联系调换：010-63077101

出 版 说 明

近日，中共中央印发了《中国共产党问责条例》，并发出通知，要求各地区各部门认真遵照执行。作为我们党制定的又一部重要基础性党内法规，问责条例规范和强化党的问责工作，进一步夯实了全面从严治党的制度基石，向全党释放出有责必问、问责必严的强烈信号，是管党治党的重要利器。

为便于广大党员干部学习贯彻《问责条例》，我们精选新华社、人民日报、中国纪检监察报等中央主流媒体播发的权威解读文章和精彩评论，同时收录《中国共产党廉洁自律准则》《中国共产党纪律处分条例》两部党内重要法规，汇编成册，内容权威，通俗易懂。

限于水平，不足之处，望广大读者批评指正。

目 录 CONTENTS

中国共产党问责条例 ··· 1
　　（中共中央，2016 年 7 月）

用担当的行动诠释对党和人民的忠诚 ············ 王岐山 6

《中国共产党问责条例》逐条解读 ·························· 12

全面从严治党的又一利器
　　——《中国共产党问责条例》诞生记 ·············· 24

全面从严治党重要的制度遵循
　　——写在《中国共产党问责条例》颁布之际 ········ 32

权威解读

全面从严治党的利器
　　——一文读懂《中国共产党问责条例》 ············ 41

"利剑"向何方　"板子"怎么打？
　　——聚焦《中国共产党问责条例》四大看点 ········ 47

全面从严治党再添"利器"……………………………………… 53
推动管党治党从宽松软走向严紧硬
　　——亮出全面从严治党的利器 ………………………… 60
制度问责成为中共全面从严治党新利器…………………… 66
以案释纪
　　——从典型案例看《中国共产党问责条例》执纪重点 ……… 69

媒体评论

让失责必问成为从严治党的利器…………………………… 77
全面从严治党的重要利器…………………………………… 79
进一步扎紧从严治党的制度笼子
　　——一论贯彻落实《中国共产党问责条例》…………… 82
唤醒责任意识　激发担当精神
　　——二论贯彻落实《中国共产党问责条例》…………… 85
让失责必问、问责必严成为常态
　　——三论贯彻落实《中国共产党问责条例》…………… 88
加强问责，推动全面从严治党走向深化…………………… 91
让"终身问责"成为"拍脑袋"决策的终结利器………………… 93

附　录

中国共产党廉洁自律准则…………………………………… 97
中国共产党纪律处分条例…………………………………… 99

中国共产党问责条例

（中共中央，2016年7月）

第一条 为全面从严治党，规范和强化党的问责工作，根据《中国共产党章程》，制定本条例。

第二条 党的问责工作以马克思列宁主义、毛泽东思想、邓小平理论、"三个代表"重要思想、科学发展观为指导，深入贯彻习近平总书记系列重要讲话精神，围绕协调推进"四个全面"战略布局，坚持党的领导，加强党的建设，全面从严治党，做到有权必有责、有责要担当、失责必追究，落实党组织管党治党政治责任，督促党的领导干部践行忠诚干净担当。

第三条 党的问责工作应当坚持的原则：依规依纪、实事求是，失责必问、问责必严，惩前毖后、治病救人，分级负责、层层落实责任。

第四条 党的问责工作是由党组织按照职责权限，追究在党的建设和党的事业中失职失责党组织和党的领导干部的主体责任、监督责任和领导责任。

问责对象是各级党委（党组）、党的工作部门及其领导成员，各级纪委（纪检组）及其领导成员，重点是主要负责人。

第五条 问责应当分清责任。党组织领导班子在职责范围内负有全面领导责任，领导班子主要负责人和直接主管的班子成员承担主要领导责任，参与决策和工作的班子其他成员承担重要领导责任。

第六条 党组织和党的领导干部违反党章和其他党内法规，不履行或者不正确履行职责，有下列情形之一的，应当予以问责：

（一）党的领导弱化，党的理论和路线方针政策、党中央的决策部署没有得到有效贯彻落实，在推进经济建设、政治建设、文化建设、社会建设、生态文明建设中，或者在处置本地区本部门本单位发生的重大问题中领导不力，出现重大失误，给党的事业和人民利益造成严重损失，产生恶劣影响的；

（二）党的建设缺失，党内政治生活不正常，组织生活不健全，党组织软弱涣散，党性教育特别是理想信念宗旨教育薄弱，中央八项规定精神不落实，作风建设流于形式，干部选拔任用工作中问题突出，党内和群众反映强烈，损害党的形象，削弱党执政的政治基础的；

（三）全面从严治党不力，主体责任、监督责任落实不到位，管党治党失之于宽松软，好人主义盛行、搞一团和气，不负责、不担当，党内监督乏力，该发现的问题没有发现，发现问题不报

告不处置、不整改不问责,造成严重后果的;

(四)维护党的政治纪律、组织纪律、廉洁纪律、群众纪律、工作纪律、生活纪律不力,导致违规违纪行为多发,特别是维护政治纪律和政治规矩失职,管辖范围内有令不行、有禁不止,团团伙伙、拉帮结派问题严重,造成恶劣影响的;

(五)推进党风廉政建设和反腐败工作不坚决、不扎实,管辖范围内腐败蔓延势头没有得到有效遏制,损害群众利益的不正之风和腐败问题突出的;

(六)其他应当问责的失职失责情形。

第七条 对党组织的问责方式包括:

(一)检查。对履行职责不力、情节较轻的,应当责令其作出书面检查并切实整改。

(二)通报。对履行职责不力、情节较重的,应当责令整改,并在一定范围内通报。

(三)改组。对失职失责,严重违反党的纪律、本身又不能纠正的,应当予以改组。

对党的领导干部的问责方式包括:

(一)通报。对履行职责不力的,应当严肃批评,依规整改,并在一定范围内通报。

(二)诫勉。对失职失责、情节较轻的,应当以谈话或者书面方式进行诫勉。

(三)组织调整或者组织处理。对失职失责、情节较重,不适宜担任现职的，应当根据情况采取停职检查、调整职务、责令辞职、降职、免职等措施。

（四）纪律处分。对失职失责应当给予纪律处分的，依照《中国共产党纪律处分条例》追究纪律责任。

上述问责方式，可以单独使用，也可以合并使用。

第八条 问责决定应当由党中央或者有管理权限的党组织作出。其中对党的领导干部，纪委（纪检组）、党的工作部门有权采取通报、诫勉方式进行问责；提出组织调整或者组织处理的建议；采取纪律处分方式问责，按照党章和有关党内法规规定的权限和程序执行。

第九条 问责决定作出后，应当及时向被问责党组织或者党的领导干部及其所在党组织宣布并督促执行。有关问责情况应当向组织部门通报，组织部门应当将问责决定材料归入被问责领导干部个人档案，并报上一级组织部门备案；涉及组织调整或者组织处理的，应当在一个月内办理完毕相应手续。

受到问责的党的领导干部应当向问责决定机关写出书面检讨，并在民主生活会或者其他党的会议上作出深刻检查。建立健全问责典型问题通报曝光制度，采取组织调整或者组织处理、纪律处分方式问责的，一般应当向社会公开。

第十条 实行终身问责，对失职失责性质恶劣、后果严重的，不论其责任人是否调离转岗、提拔或者退休，都应当严肃问责。

第十一条 各省、自治区、直辖市党委，中央各部委，中央国家机关各部委党组（党委），可以根据本条例制定实施办法。

中央军事委员会可以根据本条例制定相关规定。

第十二条 本条例由中央纪律检查委员会负责解释。

第十三条 本条例自 2016 年 7 月 8 日起施行。此前发布的有关问责的规定，凡与本条例不一致的，按照本条例执行。

用担当的行动诠释对党和人民的忠诚

王岐山

权力就是责任,责任就要担当。习近平总书记把对党员领导干部的要求凝练为6个字:忠诚干净担当。党的十八大以来,党中央紧紧抓住落实主体责任这个"牛鼻子",把权力与义务、责任与担当对应统一起来,强化问责成为管党治党、治国理政的鲜明特色。党中央制定的《中国共产党问责条例》,全面贯彻党的十八大和十八届三中、四中、五中全会精神,深入贯彻习近平总书记系列重要讲话精神,是全面从严治党、依规治党重要的制度笼子。执行好问责条例,对于统筹推进"五位一体"总体布局和协调推进"四个全面"战略布局,实现党的历史使命,具有重大政治意义。

坚持党的领导、贯彻党的路线方针政策必须强化责任担当。党的领导主要是政治、思想和组织的领导,体现在党自身就是理想信念宗旨的坚定性;体现在治国理政就是路线方针政策的正确性、科学性、实践性。贯彻落实党中央决策部署，关乎坚持党的领导、加强党的建设，必须不折不扣、坚定不移，决不能有丝毫的含糊和动摇。中央巡视省区市、中央部委和中央企事业单位党组织，发现的一个突出问题就是贯彻党的路线方针政策不坚决、不全面、不到位，以官僚主义、形式主义的错误方式应对。有的以会议贯彻会议、以文件落实文件，更有甚者索性把党中央决策部署变成标语和口号、不贯彻不落实，有的贯彻执行不力，有的在贯彻中走样。群众听到党中央为民务实的政策无不为之高兴，但由于有的领导干部不担当不尽责，致使党的好政策得不到落实，人民群众就没有获得感。同党中央保持高度一致，不仅要听表态、更要见行动，看是否把中央精神同本地区本部门本单位实际紧密联系起来，实事求是、求真务实，见诸行动、落到实处。全面从严治党必须坚持问题导向，以强有力的问责督促责任落实，维护党中央集中统一领导，确保中央政令畅通。

　　问责是全面从严治党的应有之义和重要保证。透过现象看本质，当前之所以产生党的领导弱化、党的建设缺失、全面从严治党不力，党的观念淡漠、组织涣散、纪律松弛问题，归其根本在于一些党的领导干部没有正确认识权力与责任的关系，把两者分离开来，甚至只想要权力、不愿担责任。一些党组织党内政治生活失去原则性和战斗性，好人主义盛行，搞一团和气、不愿得罪人，基本不开展批评，即便批评也是抽象空洞的，包装了再包装，致使批评失去了锋芒，成为无的放矢。对共产党人来说，没有离开责任的权力，党和人民赋予权力时，更是压上了责任，就要有与之相匹配的责任担当。我们党95年的历史证明，担当精神是共产党人的魂，是脊梁精神。革命战争年代，担当就是为民族独立和解放抛头颅洒热血，前赴后继，在所不辞；在今天，担当就是要把人民对美好生活的向往作为奋斗目标，对党和人民负责、为党和人民担责。立足当前，制定问责条例就是要释放强烈政治信号：党中央对问责是动真格的，要让失责必问、问责必严成为常态。

强化政治责任，厚植党执政的政治基础。党政军民学、东西南北中，党是领导一切的。党组织和党的领导干部失职失责、管党治党不严，损害党的形象，侵蚀党的执政基础，妨碍党的政治纲领和执政使命的实现，就要追究其在党的事业和党的建设中的领导责任。现行党内法规中有100多部包含问责内容，但是对事故事件的党政问责规定多，对党的建设缺失、落实党中央决策部署不力的问责规定少。问责条例把党章规定细化具体化，对现行党内法规中的问责内容进行梳理、提炼、归纳、总结，紧紧围绕坚持党的领导、加强党的建设、全面从严治党、维护党的纪律、推进党风廉政建设和反腐败工作等方面概括问责事项，明确提出与党的领导对应的政治责任，目的是使领导干部警醒起来，履好职尽好责，增强党的凝聚力和战斗力，永葆先进性和纯洁性。

突出主体责任，聚焦"关键少数"。领导本身就包含着管理和监督，分工负责就要有问责。条例把问责的责任压给各级党组织，既包括党委（党组）、纪委（纪检组），也包括组织、宣传等党的工作部门，体现了细化责任、层层传导压力。实践证明，哪个地区或部门有坚持正确政治方向、勇于负责的领导班子特别是一把手，党的领导就坚强有力，就能联系实际把党的路线方针政策落到实处。问责条例突出问责重点，规定党组织领导班子在职责范围内负有全面领导责任，主要负责人和直接主管的班子成员承担主要领导责任，参与决策和工作的其他成员承担重要领导责任，体现了权力与责任对等，为各级党组织强化问责提供基本遵循。

突出党规特色，唤醒党的意识。问责条例是第一部规范党的问责工作的基础性法规，借鉴了制定廉洁自律准则的好经验，高度凝练、简便易行；实现纪法分开，运用党言党语，突出党内规则特色，体现了党的十八大以来管党治党理论和实践创新成果。在长期实践中，我们党创造了多种责任追究的方式方法。问责条例总结历史和实践经验，对现行各类规定中10多种问责方式进行整合规范，规定对党组织问责采取检查、通报、改组等方式；对党的领导干部问责采取通报、诫勉、组织调整或者组织处理、纪律处分等多种方式。无论是日常的批评提醒，还是给予纪律处分，都体现着党组织的政治坚定性，检验着把握政策的水平，最终目的是让党的领导干部受到警示，增强担当精神，肩负起管党治党责任，自觉把党的路线方针政策贯彻下去。

制定规则既是历史经验的总结，也是新实践的开启。制度创新的过程就是发现问题、解决问题的过程，要把握现阶段的形势、任务和挑战，找准正确方向，抓住主要矛盾，使实践探索与制定

全面从严治党新举措

规则相辅相成、相互促进。制定问责条例的方向，就是重点解决不担当、乱担当问题，把全面从严治党的责任传导下去。任何一项制度都不可能解决所有问题，不能把亟待破解的难题淹没在大量制度条文中，也不能把重要的政治信号变成学术研讨，导致制度迟迟出不了台、贻误了时机。要重视制度建设，但也要避免落入"制度陷阱"。制度只有与具体实践相结合，不断与时俱进，其所蕴含的力量才能充分释放。问责条例兼顾必要和可行，做不到的宁可不写，写上的就要管用，保证制度的有效性、可执行性。

动员千遍不如问责一次。制度的生命在于执行，执行制度关键在人。各级党组织要牢固树立政治意识、大局意识、核心意识、看齐意识，自觉向以习近平同志为总书记的党中央担当精神看齐，用担当的行动诠释对党和人民的忠诚。党章党规党纪是面向全党的，上至中央、下至基层，各级党组织都必须贯彻执行。各级党委尤其是主要负责人要联系实际、从自身做起，以身作则、以上率下，手电筒对着自己照，不能只对着下级说事。一个案例胜过一打纲领，实践中勇于担当是第一位的。要以眼里不揉沙子的认真劲儿，敢于较真碰硬，对党的领导弱化、党的建设缺失、从严治党责任落实不到位的，不能有效贯彻党的路线方针政策、给党和人民事业造成损害的，落实中央八项规定精神不力、"四风"问题仍然突出的，对巡视发现的问题拒不整改或整改不到位的，对腐败问题严重、不作为乱作为、群众反映强烈的，都要严肃问责，一级抓一级，增强责任意识，激发担当精神。

纪委要把自己的职责摆进去。检查党的路线、方针、政策和决议的执行情况，是党章规定的各级纪律检查委员会主要任务之一。在十八届中央纪委六次全会上，习近平总书记把党章赋予纪委的职责概括为监督执纪问责，这六个字是纪委职责所在、使命所然，失职失责更要严肃问责。对纪检机关监督责任缺失、"探头"作用没有发挥，能发现的问题没有发现、发现问题不报告不处置、该去问责而不问责的；对纪检干部严重违纪、造成恶劣影响的，就要问纪委书记（纪检组组长）的责。要制定有效管用、便于操作的实施细则和配套措施，责任追究情况要定期报告，典型问题要公开曝光，让具体鲜活的案例发挥警示教育作用。中央纪委和省级纪委每年都要盘点问责情况，决不能将制度束之高阁。

不忘初心、继续前进，这昭示着全面从严治党永远在路上，只有进行时。要踏石留印、抓铁有痕，在坚持中深化、在深化中坚持，真正使管党治党从宽松软走向严紧硬，为实现两个百年奋斗目标和中华民族伟大复兴提供坚强保证。

（《人民日报》2016年07月19日02版）

全面从严治党新举措

《中国共产党问责条例》逐条解读

第一条 为全面从严治党,规范和强化党的问责工作,根据《中国共产党章程》,制定本条例。

解读:

本条规定了"目的和依据"。党的十八大以来,党中央深入推进党风廉政建设和反腐败斗争,进而深化为全面从严治党,并纳入"四个全面"战略布局。全面从严治党是各级党组织的职责所在。《条例》以党章为根本遵循,以全面从严治党为目标方向,总结实践经验,健全问责机制,扎紧问责的制度笼子。颁布实施《条例》,就是要规范和强化党的问责工作,释放全面从严治党的强烈政治信号,唤醒责任意识、激发担当精神,推动党组织和党的领导干部切实把责任扛起来,保证党的领导坚强有力。

第二条 党的问责工作以马克思列宁主义、毛泽东思想、邓小平理论、"三个代表"重要思想、科学发展观为指导,深入贯彻习近平总书记系列重要讲话精神,围绕协调推进"四个全面"战略布局,坚持党的领导,加强党的建设,全面从严治党,做到有权必有责、有责要担当、失责必追究,落实党组织管党治党政治责任,督促党的领导干部践行忠诚干净担当。

解读:

本条规定了"指导思想"。党章总纲明确规定,中国共产党以马克思列宁主义、毛泽东思想、邓小平理论、"三个代表"重要思想和科学发展观作为自己的行动指南。开展党的问责工作,必须以此为指导。习近平总书记系列重要讲话精神是马克思主义中国化最新成果,指明了党的问责工作的方向,必须贯彻到问责工作的各方面和全过程。

"四个全面"是我们党引领中华民族实现伟大复兴的战略布局。加强党的领导是根本目的,加强党的建设是根本途径,全面从严治党是根本保障。有权必有责、有责要担当、失责必追究,是习近平总书记关于问责工作的核心思想。通过规范和强化问责工作,一方面要落实党组织管党治党政治责任,另一方面要督促党的领导干部践行忠诚干净担当。

第三条 党的问责工作应当坚持的原则:依规依纪、实事求是,失责必问、问责必严,惩前毖后、治病救人,分级负责、层层落实责任。

解读:

本条规定了"问责原则"。

(一)依规依纪,实事求是。依规治党,必然要求依规依纪开展问责。党章是党的根本大法，问责工作必须以党章为根本遵循。《条例》是对党章规定的细化延伸，是对党内其他问责规定的归纳提炼，是问责工作的基础性法规。党内法规中对有关处置措施已有明确规定的，如申诉方式、问责影响期等，《条例》未作重复，在实践中仍然依照这些法规执行。党的问责工作是严肃的政治任务，实事求是是党的问责工作一贯坚持的原则。要坚持求真务实，是哪一级责任就追究到哪一级，该采取什么问责方式就采取什么方式，不应当问责的就决不能追究责任，做到宽严适度、不枉不纵。

（二）失责必问，问责必严。2015年6月26日，习近平总书记在十八届中央政治局第二十四次集体学习时的讲话中明确提出"坚持有责必问、问责必严"。《条例》落实总书记讲话精神，将"失责必问、问责必严"作为一条重要原则明确下来，是对全面从严治党要求的细化具体化，体现了我们党强化责任追究的坚定意志。在问责工作中，必须始终坚持"失责必问、问责必严"，把该打的板子狠狠打下去，不搞下不为例、网开一面，不能大事化小、小事化了，使问责的利剑生锈，形成"破窗效应"。

（三）惩前毖后，治病救人。习近平总书记在十八届中央纪委六次全会讲话中指出："惩前毖后、治病救人是我们党的一贯方针，也是我们党加强自身建设的历史经验。日常工作中发现了问题就要真管真严。惩治，治是根本，惩是为了治。"在问责工作中，要贯彻惩前毖后、治病救人方针，通过强化问责，使干部真正扛起责任，不犯或少犯错误特别是严重错误，这才是党组织对党员、干部最大的关心和爱护。

（四）分级负责，层层落实责任。权力和责任是对等的，管党治党不能有权力无责任。每一级党组织都有自己的责任，这个责任不能替代。对我们这样一个拥有8800多万党员、440多万个党组织的执政党来说，全面从严治党，必须靠各级党组织和党员领导干部来支撑，按照管理权限，落实分级负责原则，层层传导压力。党中央从中央部委和省一级抓起，把责任让党委（党组）书记扛上。省委书记再把责任传导给所有班子成员、压给市委书记，市委书记压给县委书记，一直压到基层，形成一级抓一级、层层抓落实的局面。这是落实"两个责任"的成功经验，也是压实问责责任的必由之路。

第四条 党的问责工作是由党组织按照职责权限，追究在党的建设和党的事业中失职失责党组织和党的领导干部的主体责任、监督责任和领导责任。

问责对象是各级党委（党组）、党的工作部门及其领导成员，各级纪委（纪检组）及其领导成员，重点是主要负责人。

解读：

本条规定了"问责主体和对象"。根据本条规定，问责主体是有管理权限的党组织，追究的是在党的建设和党的事业中失职失责党组织和党的领导干部的政治责任，包括主体责任、监督责任和领导责任。问责对象是各级党委（党组）、党的工作部门及其领导成员，各级纪委（纪检组）及其领导成员，重点是主要负责人，突出了"关键少数"。特别是对于一把手这个"关键少数中的关键少数",更是问责的重中之重。

第五条 问责应当分清责任。党组织领导班子在职责范围内负有全面领导责任,领导班子主要负责人和直接主管的班子成员承担主要领导责任,参与决策和工作的班子其他成员承担重要领导责任。

解读:

本条规定了"责任划分"。在追究党组织领导班子集体责任时,必须分清领导班子和班子成员的责任。根据《条例》规定,领导班子负有全面领导责任,领导班子主要负责人和直接主管的班子成员承担主要领导责任,参与决策和工作的班子其他成员承担重要领导责任,体现了"权责对等"精神,不管是党组织还是党的领导干部,有多大的权力就有多大的责任,就得有多大的担当,不担当、乱担当就要被追究相应的责任。

第六条 党组织和党的领导干部违反党章和其他党内法规,不履行或者不正确履行职责,有下列情形之一的,应当予以问责:

(一)党的领导弱化,党的理论和路线方针政策、党中央的决策部署没有得到有效贯彻落实,在推进经济建设、政治建设、文化建设、社会建设、生态文明建设中,或者在处置本地区本部门本单位发生的重大问题中领导不力,出现重大失误,给党的事业和人民利益造成严重损失,产生恶劣影响的;

(二)党的建设缺失,党内政治生活不正常,组织生活不健全,党组织软弱涣散，党性教育特别是理想信念宗旨教育薄弱，中央八项规定精神不落实，作风建设流于形式，干部选拔任用工作中问题突出，党内和群众反映强烈，损害党的形象，削弱党执政的政治基础的；

（三）全面从严治党不力，主体责任、监督责任落实不到位，管党治党失之于宽松软，好人主义盛行、搞一团和气，不负责、不担当，党内监督乏力，该发现的问题没有发现，发现问题不报告不处置、不整改不问责，造成严重后果的；

（四）维护党的政治纪律、组织纪律、廉洁纪律、群众纪律、工作纪律、生活纪律不力，导致违规违纪行为多发，特别是维护政治纪律和政治规矩失职，管辖范围内有令不行、有禁不止，团团伙伙、拉帮结派问题严重，造成恶劣影响的；

（五）推进党风廉政建设和反腐败工作不坚决、不扎实，管辖范围内腐败蔓延势头没有得到有效遏制，损害群众利益的不正之风和腐败问题突出的；

（六）其他应当问责的失职失责情形。

解读：

本条规定了"问责情形"。党章第42条明确规定，"党组织如果在维护党的纪律方面失职，必须受到追究。"这是党章对问责情形作出的重要规定。党的十八大以来，中央纪委在监督执纪问责实践中深化了对坚持党的领导、加强党的建设、全面从严治党、推进党风廉政建设和反腐败工作的认识，深刻体会到："党的领导是中国特色社会主义最本质的特征,集中体现为政治、思想和组织领导,必须毫不动摇地贯穿到经济建设、政治建设、文化建设、社会建设、生态文明建设之中。坚持党的领导关键在加强党的建设,推进党的建设必须坚持问题导向。当前,人民群众对党员尤其是党员领导干部的作风和廉洁问题反映最突出,必须坚定不移正风肃纪、反腐惩恶,回应广大人民群众的期盼,巩固党的执政之基。党的建设有着丰富的内涵,全面从严治党是党的建设的重要组成部分,但不是全部;党风廉政建设和反腐败斗争是全面从严治党的重要组成部分,但也不是全部。"这一体会写入了十八届中央纪委六次全会工作报告。党中央从推进党的建设新的伟大工程、中国特色社会主义伟大事业、具有许多新的历史特点的伟大斗争的现实需要出发,遵循党章规定,总结理论和实践创新成果,在《条例》中规定对党的领导弱化、党的建设缺失、全面从严治党主体责任监督责任落实不到位、维护党的纪律不力、推进党风廉政建设和反腐败工作不坚决不扎实等6个方面失职失责行为,造成严重后果或者恶劣影响的,进行严肃问责。其中前5条是主体内容,第6条是兜底条款。

第七条 对党组织的问责方式包括:

(一)检查。对履行职责不力、情节较轻的,应当责令其作出书面检查并切实整改。

(二)通报。对履行职责不力、情节较重的,应当责令整改,并在一定范围内通报。

（三）改组。对失职失责，严重违反党的纪律、本身又不能纠正的，应当予以改组。

对党的领导干部的问责方式包括：

（一）通报。对履行职责不力的，应当严肃批评，依规整改，并在一定范围内通报。

（二）诫勉。对失职失责、情节较轻的，应当以谈话或者书面方式进行诫勉。

（三）组织调整或者组织处理。对失职失责、情节较重，不适宜担任现职的，应当根据情况采取停职检查、调整职务、责令辞职、降职、免职等措施。

（四）纪律处分。对失职失责应当给予纪律处分的，依照《中国共产党纪律处分条例》追究纪律责任。

上述问责方式，可以单独使用，也可以合并使用。

解读：

本条规定了"问责方式"。现有各类问责规定中，共有14种问责方式，包括批评教育、作出书面检查、给予通报批评、公开道歉、诫勉谈话、组织处理、调离岗位、停职检查、引咎辞职、辞职、免职、降职、党纪军纪政纪处分、移送司法机关依法处理等。《条例》将这些问责方式规范为对党组织的检查、通报、改组3种方式，对党的领导干部的通报、诫勉、组织调整或者组织处理、纪律处分4种方式。这些方式均在党内法规中有明确规定、在实践中经常使用。其中，诫勉既包括谈话诫勉，也包括书面诫勉；组织调

全面从严治党新举措

整或者组织处理包括停职检查、调整职务、责令辞职、降职免职等。规定问责方式可以单独使用，也可以合并使用，主要考虑到，在问责实践中，有时要进行组织处理，也要给予纪律处分，这时就要将两种方式合并使用。

第八条 问责决定应当由党中央或者有管理权限的党组织作出。其中对党的领导干部，纪委（纪检组）、党的工作部门有权采取通报、诫勉方式进行问责；提出组织调整或者组织处理的建议；采取纪律处分方式问责，按照党章和有关党内法规规定的权限和程序执行。

解读：

本条规定了"问责决定"。根据《条例》规定，党中央或者有管理权限的党组织，有权对失职失责党组织和党的领导干部作出问责决定。明确规定对党的领导干部，纪委（纪检组）、党的工作部门有通报、诫勉的决定权，提出组织调整或者组织处理的建议权，这就把问责的责任不仅落实到党委（党组）、纪委（纪检组），也分解到组织、宣传、统战、政法等工作部门，这是问责制度的一个重要创新，体现了全面从严治党要细化落实责任、层层传导压力的鲜明态度。

第九条 问责决定作出后，应当及时向被问责党组织或者党的领导干部及其所在党组织宣布并督促执行。有关问责情况应当向组织部门通报，组织部门应当将问责决定材料归入被问责领导干部个人档案，并报上一级组织部门备案；涉及组织调整或者组织处理的，应当在一个月内办理完毕相应手续。

受到问责的党的领导干部应当向问责决定机关写出书面检讨，并在民主生活会或者其他党的会议上作出深刻检查。建立健全问责典型问题通报曝光制度，采取组织调整或者组织处理、纪律处分方式问责的，一般应当向社会公开。

解读：

本条规定了"问责执行"。对党组织问责的，应当向该党组织宣布并督促执行；对党的领导干部问责的，应当向该领导干部及其所在党组织宣布并督促执行。为做好衔接，便于组织部门将问责决定材料归入被问责领导干部个人档案，有关问责情况应当向组织部门通报，并按要求报上级组织部门备案。

《条例》深入贯彻习近平总书记系列重要讲话精神，认真总结党的十八大以来全面从严治党的实践成果，规定受到问责的党的领导干部应当写出书面检讨，在有关会议上作出深刻检查，建立健全问责典型问题通报曝光制度。这既体现了"严"和"实"的精神，也可以通过一个个具体鲜活的案例，发挥警示作用，唤醒责任意识，激发担当精神，真正做到"惩前毖后、治病救人"。

第十条 实行终身问责，对失职失责性质恶劣、后果严重的，不论其责任人是否调离转岗、提拔或者退休，都应当严肃问责。

解读：

本条规定了"终身问责"。《条例》贯彻全面从严治党要求，坚持"失责必问、问责必严"原则，确立了"终身问责"制度，规定"对失职失责性质恶劣、后果严重的,不论其责任人是否调离转岗、提拔或者退休,都应当严肃问责"。这是落实党的十八大以来习近平总书记关于"要实行责任制,而且要终身追究"等重要讲话精神的具体举措,是党的十八届三中全会《决定》、十八届四中全会《决定》关于"建立生态环境损害责任终身追究制""建立重大决策终身责任追究制度及责任倒查机制"等要求的具体体现,也与《关于实行党风廉政建设责任制的规定》关于"已退休但按照本规定应当追究责任的,仍须进行相应的责任追究"的精神一脉相承,是我们党作出的政治宣誓。

第十一条 各省、自治区、直辖市党委,中央各部委,中央国家机关各部委党组(党委),可以根据本条例制定实施办法。

中央军事委员会可以根据本条例制定相关规定。

解读:

本条规定了"授权规定"。《条例》从中央的角度提出了原则性、方向性要求,对其他党内法规中的问责内容不重复、不替代,为各级党组织结合实际贯彻执行留下空间,体现了求真务实的科学态度。只有把中央精神同本地区本部门本单位的实际紧密联系起来,制定针对性强、便于操作的实施办法,把问责事项、方式、程序具体化,才能推动问责制度落地生根。

第十二条 本条例由中央纪律检查委员会负责解释。

解读:

本条规定了"解释机关"。中央纪律检查委员会是《条例》的解释机关。根据《中国共产党党内法规制定条例》，党内法规的解释同党内法规具有同等效力。

第十三条 本条例自2016年7月8日起施行。此前发布的有关问责的规定，凡与本条例不一致的，按照本条例执行。

解读：

本条规定了"施行日期和法规效力"。《条例》是关于党的问责工作的基础性党内法规，囊括而不替代此前发布的其他有关问责的党内法规和规范性文件。其他有关问责的规定与本条例不一致的，按照本条例执行，这是由《条例》在问责法规中的地位决定的。

全面从严治党新举措

全面从严治党的又一利器

——《中国共产党问责条例》诞生记

问责,是党章赋予的重要职责,也是全面从严治党的重要手段。6月28日,中共中央政治局召开会议,审议通过《中国共产党问责条例》。近日,中共中央正式印发这一《条例》。

这是全面从严治党的又一利器——释放失责必问、问责必严的强烈信号,以强力问责倒逼责任落实,推动管党治党从宽松软走向严紧硬。

这是规范强化问责的制度笼子——总结实践经验,解决突出问题,阐明了问责工作的目的依据、指导思想、主体对象、内容情形和方式方法。

唤醒责任意识,激发担当精神

——制定《条例》是实现党的历史使命的重要保障,也是推进全面从严治党、解决管党治党突出问题的迫切要求权力就是责任，责任就要担当。忠诚干净担当，是党对领导干部提出的政治要求。

回顾近百年来的光辉历程，沧海桑田的神州巨变，见证了中国共产党人坚如磐石的责任担当。如今，实现"两个一百年"奋斗目标、实现中华民族伟大复兴的中国梦，共产党人的责任担当仍是关键所在。

责任担当的本质是对党忠诚。既靠高度自觉，也靠纪律约束，坚持从严管党治党至关重要。

2012年12月4日，党的十八大闭幕不到一个月，以习近平同志为总书记的党中央把制定八项规定作为开篇之作，"小切口"催生了"大变局"，吹响了新时期管党治党的号角。

党的十八大以来，新一届党中央顺应党心民意，坚持党要管党不松懈、从严治党不放松，创造性地提出并形成了全面从严治党的重要思想，并将其纳入"四个全面"战略布局。

从党的群众路线教育实践活动，到"三严三实"专题教育，再到正在开展的"两学一做"学习教育；从"老虎苍蝇"一起打，到派驻巡视全覆盖，再到把纪律和规矩挺在前面……三年多来，管党治党踏石留印、抓铁有痕，党的建设开创新局面，党风政风呈现新气象。

在全面从严治党取得显著成效的同时，在一些地方和部门，党的领导弱化、党的建设缺失、全面从严治党不力等问题仍然突出，党的观念淡薄、组织涣散、纪律松弛等现象不同程度存在。究其原因，便在于有的党组织和党的领导干部管党治党不严、责任担当缺失。

良法是善治的前提，加强制度建设就是治本。

当前，全面从严治党正处在从治标为主走向标本兼治的重要节点，要唤醒440多万党组织的责任意识、激发8800多万党员的担当精神，迫切需要一部针对性强、行之有效的党内法规。

贯彻中央精神，体现时代要求

——党中央对问责工作高度重视，旗帜鲜明、领导有力，为规范和强化问责工作指明了方向

67年执政，中国共产党人清醒地认识到：没有问责就难有担当，责任就落实不下去。

党中央对问责工作高度重视，旗帜鲜明、领导有力，提出了一系列新思想新观点新论断新要求，为规范和强化问责工作指明了方向。

党的十八大报告明确指出，"要落实党建工作责任制"，"严格执行党风廉政建设责任制"。

2013年11月，十八届三中全会《决定》指出，落实党风廉政建设责任制，党委负主体责任，纪委负监督责任，制定实施切实可行的责任追究制度。同时明确提出"完善和落实领导干部问责制"。

翌年10月，十八届四中全会《决定》提出，建立重大决策终身责任追究制度及责任倒查机制，对决策严重失误或久拖不决造成重大损失、恶劣影响的，严格追究行政首长等人员法律责任。同时强调完善纠错问责机制，健全问责方式和程序。

一年之后，十八届五中全会《建议》在"加强和改善党的领导，为实现'十三五'规划提供坚强保证"部分中，再次强调落实主体责任和监督责任。

……

三年多来，按照中央的要求，各级党组织抓住落实主体责任这个"牛鼻子"，高悬问责利剑，对失职失责的党组织和领导干部严肃问责。各地区各部门创造和积累了一些有效经验和做法，有的实践创新成果迫切需要固化为制度。

与此同时，现有党内法规制度中有关问责的内容较为零散，重点不突出、主体不明确、内容不聚焦、方式不统一，亟须通过完善制度加以解决。

制定《条例》时不我待。

按照中央部署，中央纪委从去年下半年启动起草工作。责任在心，使命在肩。在一次次深入调研中，在一次次研讨论证中，《条例》起草的基本遵循逐渐清晰——

必须坚持贯彻党的十八大和十八届三中、四中、五中全会精神，落实习近平总书记系列重要讲话精神，系统谋划、统筹推进。

必须坚持以党章为根本遵循，以全面从严治党为目标方向，唤醒责任意识，激发担当精神。

必须坚持有权必有责、有责要担当、失责必追究，层层传导压力，释放从严管党治党强烈政治信号。

必须坚持问题导向，抓住主要矛盾，围绕坚持党的领导、加强党的建设、全面从严治党开展问责。

必须坚持抓住"关键少数"，突出重点，直指压力传导不下去这个突出问题，让从严治党严起来实起来。

……

这一系列重要认识，直指问责工作的关键。

深入调查研究，广泛听取意见

——《条例》起草工作坚持发扬民主、深入调研，充分体现了全党智慧

法规制度带有根本性、全局性、稳定性、长期性。

越是重要的制度创新，越要进行深入的调查研究，使之经得起实践和历史的检验。

中央纪委常委会对《条例》起草工作高度重视。中共中央政治局常委、中央纪委书记王岐山多次对起草《条例》提出明确要求，并先后13次主持召开中央纪委常委会议、办公会议和专题会议，研究《条例》起草工作，明确制定思路和主要内容。

讨论、研究、修改；再讨论、再研究、再修改……在反复锤炼、

不断升华的过程中，重点更加突出，脉络更加清晰，逻辑更加严密。

为广泛听取各方意见，经中央批准，5月18日，中央办公厅印发通知，将《条例》征求意见稿发至各地区各部门共180余家单位。随即，一条条意见建议从全国各地汇集到北京。

6月，王岐山在京主持召开部分中央部委负责同志座谈会，并赴辽宁召开座谈会，就制定《条例》征求意见。

中共中央书记处书记、中央纪委副书记赵洪祝，和中央纪委其他几位副书记也分别召开所联系地区和单位纪检机关（机构）主要负责人座谈会，广泛征求对制定《条例》的意见。

不拒众流，方为江海。起草组对收到的这些意见逐条梳理、认真研究，进一步修改完善形成《条例》送审稿。

6月14日，中南海，中央政治局常委会会议。习近平总书记和政治局常委会其他同志对《条例》送审稿提出了重要意见。

这份最终提交中央政治局会议审议的《条例》共有13条1900余字，广泛吸收了关注度高、针对性强的意见和建议，重点突出、目标明确、务实管用，充分体现了党的十八大以来管党治党一系列理论和实践创新成果。

坚持问题导向，突出当前重点

——针对当前管党治党存在的突出问题，坚持问题导向，把握有限目标，突出针对性和实效性作为一部面向全党的基础性党内法规，《条例》制定必须坚持问题导向，突出当前重点，着力解决管党治党存在的突出问题。

党的十八大以来，党中央把问责作为管党治党利器，先后对山西塌方式腐败、湖南衡阳和四川南充拉票贿选案等严肃问责。中央纪委对河南新乡市委和市纪委原主要负责人履行"两个责任"不力等问题通报曝光。截至今年5月底，全国共对4.5万名党员领导干部作了责任追究。

实践探索在前，总结提炼在后。丰富的问责实践为制度创新奠定了坚实基础。本着于法周延、于事有效的原则，《条例》充分吸纳问责实践成果，实现了党内法规建设的与时俱进——

聚焦政治责任，紧紧围绕坚持党的领导、加强党的建设、全面从严治党、维护党的纪律、推进党风廉政建设和反腐败工作开展问责；

对于失职失责造成严重后果、人民群众反映强烈、损害党执政的政治基础的都要严肃问责，既追究主体责任、监督责任，又追究领导责任；

将现有各类问责规定中的14种问责方式，规范为对党组织3种问责方式、对党的领导干部4种问责方式；

把责任压给各级党组织，分解到组织、宣传、统战、政法等党的工作部门，层层传导压力，释放有责必问、问责必严的强烈信号；

……

与此同时，《条例》制定还坚持依规治党，突出纪言纪语，与正在修订的党内监督条例、已经施行的纪律处分条例统筹考虑，与现行党内法规中有关问责规定相互衔接。

全面从严治党永远在路上，法规制度建设只有进行时。

《条例》不贪大求全、不面面俱到，把握有限目标，突出针对性和实效性，确保写入《条例》的内容都能够得到贯彻落实。

作为全面从严治党的又一制度利器，《条例》必将以强力问责激发责任担当，为永葆党的凝聚力和战斗力、实现党的历史使命提供坚实保障！

（原载《中国纪检监察报》2016年7月18日第1版　记者王少伟）

全面从严治党新举措

全面从严治党重要的制度遵循
——写在《中国共产党问责条例》颁布之际

在中国共产党成立95周年之际，中共中央政治局会议审议通过《中国共产党问责条例》。近日，中共中央印发了《条例》。《条例》体现了党的十八大以来管党治党理论和实践创新成果，是全面从严治党重要的制度遵循，对于统筹推进"五位一体"总体布局和协调推进"四个全面"战略布局，实现党的历史使命，具有十分重要的意义。

从强化问责工作、落实"两个责任"的改革创新，到固化实践成果、扎紧制度笼子的立规创举……十八大以来，从行动到规则，从以治标为主到标本兼治，见证着世界最大执政党以更加成熟的姿态、更加有力的步伐，奋进在全面从严治党的伟大征程上。

全面从严治党、推进标本兼治，最根本的就在于各级领导干部要把管党治党的责任担当起来

"落实党组织管党治党政治责任，督促党的领导干部践行忠诚干净担当。"翻开《条例》，问责"利剑"指向一个清晰"靶心"——担当。

"实现"两个一百年"奋斗目标、实现中华民族伟大复兴的中国梦，关键是各级党组织尤其是党员领导干部要担当责任。"中共中央政治局会议审议《条例》时如是强调。

"各级党组织要牢固树立"四个意识"，向以习近平同志为总书记的党中央的担当精神看齐，用担当的行动诠释对党的忠诚。"王岐山同志在制定《条例》座谈会上指出。

这些表述，可谓意味深长。

《条例》全文13条1700余字，简洁凝练明确了党组织和党的领导干部管党治党的政治责任。"制定出台《条例》，就是要唤醒责任意识，激发担当精神，永葆党的凝聚力和战斗力。"中央纪委研究室相关同志说。

这是担当使命的重要保障。

实现"两个一百年"奋斗目标和中华民族伟大复兴的中国梦，这是党肩负的历史使命，责任重于泰山。这个担子首先要压给440多万个党组织和80多万有领导责任的"关键少数"。

"没有问责，责任就落实不下去。"湖南省法学会廉政法学研究中心主任邓联繁说，制定《条例》，就是要用问责推动责任担当，把党的战斗力焕发出来，确保实现党的历史使命。

这是从严治党的实践要求。

十八大以来，全党抓住落实主体责任这个"牛鼻子"，把问责作为管党治党利器，积极探索实践，以问责倒逼责任落实。但同时，问责工作中也存在一些亟待解决的问题，比如只想要权力，不愿担责任；奉行好人主义，不敢较真碰硬；问责开展不平衡，地方问责多、部门问责少，追究直接责任多、追究领导责任少，等等。

当前，全面从严治党正处在从治标为主走向标本兼治的重要节点，必须在坚持中深化，在深化中坚持，进一步规范和强化问责工作，推动管党治党从宽松软走向严紧硬。

这是管党治党的理论创新。

权力就是责任，责任就要担当。过去都把这个问题混淆了，没有把权力、责任、担当联系起来，甚至只有权力没有担当。制定《条例》，就是要告诫全党，有权必有责、有责要担当、失责必追究。

"把权力与责任、义务与担当对应起来，实现从"官多大权多大"到"官多大责多大"的转变，这是党的建设理论的一次创新，为新形势下管党治党提供了重要遵循。"浙江省委党校教授陈宏彩说。

紧紧围绕坚持党的领导、加强党的建设、全面从严治党、维护党的纪律、推进党风廉政建设和反腐败工作开展问责

"落实中央决策部署存在差距""司局级干部竟然写不全、答不全'五大发展理念''四个全面'的内容""某部门下属单位未开展党的群众路线教育实践活动和"三严三实"专题教育""基层党组织长期不换届""执行中央八项规定精神不严格"……

中央巡视组巡视"体检"后反馈的"问题清单",揭示了管党治党存在的突出问题:党的领导弱化、党的建设缺失、全面从严治党不力,党的观念淡薄、组织涣散、纪律松弛。

王岐山同志在制定《条例》座谈会上强调指出:"根本原因在于有的党组织和领导干部管党治党不严、责任担当缺失,搞好人主义、一团和气。"

《条例》坚持问题导向,抓住主要矛盾,围绕坚持党的领导、加强党的建设、全面从严治党、维护党的纪律、推进党风廉政建设和反腐败工作等方面归纳问责情形。

《条例》字字千钧,却用相当篇幅对6类问责情形进行阐释。"党的理论和路线方针政策没有得到有效贯彻落实""党内政治生活不正常,组织生活不健全""主体责任、监督责任落实不到位"等,分别被列入"党的领导弱化""党的建设缺失""全面从严治党不力"等范畴。

"发现问题就要对症下药、标本兼治,加强制度建设就是治本。"中国政法大学教授马怀德认为,《条例》提炼归纳问责情形,抓住了现阶段的主要问题,让从严治党严起来实起来,具有较强针对性和实效性。

"'四个全面'战略布局、全面从严治党丰富实践,不仅对与时俱进完善党内法规制度提出了新要求,也为党内法规制度创新奠定了坚实基础。"据中央纪委研究室相关同志介绍，十八大以来，我们党把问责作为管党治党利器，先后对山西塌方式腐败、湖南衡阳和四川南充拉票贿选案等严肃问责。截至今年5月底，全国共对4.5万余名党员领导干部做了责任追究。

失责必问，问责必严！中共中央政治局会议审议《条例》时进一步强调，"对于失职失责造成严重后果、人民群众反映强烈、损害党执政的政治基础的都要严肃追究责任，既追究主体责任、监督责任，又追究领导责任。"

梳理现行党内法规制度，与问责相关的共有119部，其中专门规定12部，包含问责内容的107部。这些法规制度对事件、事故等行政问责规定多，没有突出坚持党的领导、紧扣全面从严治党，没有准确界定责任概念，没有体现权责对等，问责主体不明确、事项过于原则、方式不统一。

"作为基础性党内法规，《条例》对现行问责规定进行整合规范，实现了问责内容、对象、事项、主体、程序、方式的制度化、程序化。"中央纪委研究室相关同志说。

比如问责主体和对象，《条例》明确，问责主体为有管理权限的上级党组织，对象则是党组织和党的领导干部，关键是一把手。

再如问责方式，《条例》将现有各类规定中的14种问责方式，规范为(博客,微博)对党组织的检查、通报、改组3种方式和对党的领导干部的通报、诫勉、组织调整或者组织处理、纪律处分4种方式。

"《条例》从制度上明确提出问责要求，补齐责任追究的重要一环，与其他党内法规协调衔接，形成党内法规闭合系统，这是党的制度建设的又一次飞跃。"马怀德说。

让法规制度的力量在全面从严治党中得到充分释放

一分部署，九分落实。贯彻执行法规制度关键在真抓，靠的是严管。

问责条例是全面从严治党重要的制度笼子，颁布了就必须认真施行。决不能只是嘴上说说、纸上写写、墙上挂挂，涛声依旧，重复昨天的故事。

中央政治局会议在审议通过《条例》时特别强调，"各级党组织都要把自己摆进去，联系实际、以上率下，敢于较真碰硬、层层传导压力，让失责必问成为常态"。

加强宣传，抓好学习。

党要管党、从严治党，首先要把党的观念唤醒，切实增强党章意识和党规党纪意识。学习贯彻《条例》必须同学习党章、学习习近平总书记系列重要讲话结合起来。各级党组织要通过有层次、有重点、有节奏的宣传，统一思想、凝聚共识、依规治党、普及制度。

以上率下，层层传导。

党中央对问责是动真格的。党中央从中央部委和省一级抓起，把责任让党委（党组）书记扛上，省委书记再把责任传给所有班子成员，压给市委书记，市委书记压给县委书记，一直压到基层，形成一级抓一级、层层抓落实的局面。这是落实"两个责任"的成功经验，也是贯彻《条例》的有效途径。

抓住"关键"，较真碰硬。

颁布了问责条例，担当问题也不会自动解决。《条例》要想起作用，关键在于各级党组织和党的领导干部要敢于较真、敢于碰硬。中央部委党组、省区市党委都要把自己摆进去，不能只对下级问责。纪委、纪检组要从自身做起，把握树木与森林，动真格、敢问责。必须紧盯一把手这个"关键少数中的关键少数"，形成"有权必有责，失责必追究"的鲜明导向和浓厚氛围。

问责一个，警醒一片。

问责不能感情用事，不能有怜悯之心。只要条件够了，就要较真叫板，该问到哪一级就问到哪一级，这样才能发挥震慑效应，警醒一大片。只有抓住典型严肃查处、追究责任，党的纪律才能真正严肃起来，责任才能压下去，不会流于形式、陷入空谈。年终要盘点，对不敢问责的也要问责。

全面从严治党永远在路上、只有进行时。各级党组织和党的领导干部要以眼里不揉沙子的认真劲儿，认真贯彻落实《条例》，担负起管党治党的政治责任，用担当的行动诠释对党的忠诚。

（中央纪委监察部网站 2016 年 7 月 18 日　韩亚栋）

权威解读
QUAN WEI JIE DU

全面从严治党的利器
——一文读懂《中国共产党问责条例》

近日,中共中央印发了《中国共产党问责条例》,并发出通知,要求各地区各部门认真遵照执行。作为全面从严治党的又一项制度安排,问责条例全文内容简明扼要,执纪目标明确、重点突出、要求严格,备受各界关注。

作为一部规范全党各级党组织、全体党员履职尽责的重要文件,《中国共产党问责条例》是在什么样的背景下出台的?是怎样制定的?将承担怎样的历史使命、发挥怎样的积极作用?

为什么制定——立足全面从严治党现实需要的顶层设计

"要强化和落实各级党委(党组)抓作风建设的主体责任,制定明细的责任清单和问责规定。"

"要健全问责机制,坚持有责必问、问责必严,把监督检查、目标考核、责任追究有机结合起来,形成法规制度执行强大推动力。"

"要坚决把全面从严治党的主体责任压下去,加大问责力度,让失责必问成为常态。"

……

党的十八大以来,习近平总书记多次就规范和强化党的问责工作作出重要论述。

动员千遍,不如问责一次。问责工作是全面从严治党的重要内容之一,随着全面从严治党力度的不断加大,问责工作的制度化、常态化要求也越发迫切。《中国共产党问责条例》的出台正是立足党的事业发展和全面从严治党现实需要的又一次顶层设计。

——实现党的历史使命的重要保障。

实现"两个一百年"奋斗目标和中华民族伟大复兴的中国梦,是党肩负的历史使命和对人民的庄严承诺。党长期执政、领导一切,责任重于泰山,督促党组织履行管党治党政治责任,督促党的领导干部践行忠诚干净担当,要通过制定条例,实施强有力的问责,推动各级党组织和党的领导干部切实担负起责任,把党的战斗力焕发出来,确保实现党的历史使命。

——推进全面从严治党的实践要求。

党的十八大以来,党中央抓住落实主体责任这个"牛鼻子",把问责作为管党治党利器,先后对山西塌方式腐败、湖南衡阳和四川南充拉票贿选案等严肃问责。当前，全面从严治党正处在从治标为主走向标本兼治的重要节点，必须在坚持中深化、在深化中坚持，将实践创新成果固化为制度，以问责倒逼责任落实，推动管党治党从宽松软走向严紧硬。

——解决管党治党突出问题的现实需要。

全面从严治党已取得重要进展，但在一些地方、部门和单位，党的领导弱化、党的建设缺失、全面从严治党不力问题仍然突出，一个重要原因是部分党组织和党的领导干部奉行好人主义，缺乏责任担当，不敢较真碰硬。在现有500余部党内法规制度中，与问责相关的共有119部，这些法规制度对事件、事故等行政问责规定多，没有突出坚持党的领导、紧扣全面从严治党，没有准确界定责任概念，没有体现权责对等，问责主体不明确、事项过于原则、方式不统一。随着全面从严治党不断深入，迫切需要整合规范问责制度，形成一部基础性党内法规。

在党建专家学者们看来，《中国共产党问责条例》可谓应运而生，它的出台无疑对保障实现党的历史使命、推进全面从严治党、促进解决管党治党突出问题具有重大的现实意义，将发挥重要的规范、引领、督导作用。

如何制定——深入调研充分论证基础上的实践成果

为落实党中央部署和习近平总书记重要指示，中央纪委从

2015年下半年着手研究起草《中国共产党问责条例》。

在数个月的起草过程中,中央纪委充分调研、反复论证。中纪委主要领导同志先后13次主持中央纪委常委会议、办公会议和专题会议,研究条例起草工作,明确制定思路和主要内容;在北京主持召开部分中央部委负责同志座谈会,听取意见建议;到辽宁召开座谈会,听取辽宁省委、省纪委和省人大常委会、省政府、省政协、省高级人民法院、省人民检察院党组负责同志的意见。中央纪委还安排各位副书记,分别召开所联系地区和单位纪检机关(机构)主要负责人座谈会,广泛征求意见。

在此基础上,2016年5月18日,经中央批准,中央办公厅印发通知,征求各地区各部门共180余家单位对条例的意见建议。各单位对条例征求意见稿给予充分肯定,认为该稿充分体现了党的十八大以来管党治党的理论和实践创新成果,目标明确、简洁凝练、务实管用,是一个成熟的稿子。同时,也提出不少很好的意见。中央纪委对意见逐条梳理,进行认真修改,形成条例送审稿。

条例的制定严格坚持以党章为根本遵循,全面贯彻党的十八大和十八届三中、四中、五中全会精神,深入贯彻习近平总书记系列重要讲话精神;坚持有权必有责、有责要担当、失责必追究,层层传导压力,释放从严管党治党强烈政治信号;坚持问题导向,把握有限目标,不贪大求全,突出重点作出规定,增强条例针对性和实效性。

2016年6月14日、28日,中央政治局常委会会议、中央政治局会议分别审议通过条例送审稿。2016年7月8日起条例正式施行。

内容特点——问题导向重点突出注重实效的制度安排

条例注重简明实用，共13条，包括目的和依据，指导思想，问责原则，问责主体和对象，问责情形，问责方式，问责执行等。

条例明确了问责主体和对象。党的问责工作是由党组织按照职责权限，追究在党的建设和党的事业中失职失责党组织和党的领导干部的政治责任，包括主体责任、监督责任和领导责任。问责对象是各级党委（党组）、党的工作部门及其领导成员，各级纪委（纪检组）及其领导成员，重点是主要负责人。

条例明确了问责内容和情形。条例规定对党的领导弱化、党的建设缺失、全面从严治党主体责任监督责任落实不到位、维护党的纪律不力、推进党风廉政建设和反腐败工作不坚决不扎实等6个方面失职失责行为，造成严重后果或者恶劣影响的，进行严肃问责。

条例明确了问责方式方法。现有各类问责规定中，共有14种问责方式。条例将这些问责方式规范为对党组织的检查、通报、改组3种方式，对党的领导干部的通报、诫勉、组织调整或者组织处理、纪律处分4种方式。这些方式均在党内法规中有明确规定、在实践中经常使用。

条例把责任落实到各级党委及党的工作部门。条例对党委（党组）、纪委（纪检组）及党的工作部门在问责中的职责作出明确规定，使责任不仅落实到党委（党组），也分解到组织、宣传等工作部门，体现了细化落实责任、层层传导压力的要求。

条例坚持依规治党，实现纪法分开。突出党规特色，概括提炼，明确责任；采用党言党语、纪言纪语，不套用法言法语；对行政问责事项不作规定，对引咎辞职、涉嫌犯罪移送司法机关等已有明确规定的方式和程序不再重复规定；不套用问责启动、问责调查等法律性流程，努力做到要义明确、便于执行。

条例注重与其他党内法规的协调衔接。条例是对党章规定的细化延伸，是对党内其他问责规定的归纳提炼。将制定条例与正在修订的党内监督条例、已经施行的党纪处分条例统筹考虑，与现行党内法规中有关问责规定相互衔接。党内法规中对有关处置措施已有明确规定的，如申诉方式、问责影响期等，条例不再重复。

（新华社北京2016年7月17日电　记者华春雨、罗宇凡）

"利剑"向何方 "板子"怎么打?
——聚焦《中国共产党问责条例》四大看点

近日,中共中央印发了《中国共产党问责条例》,并发出通知,要求各地区各部门认真遵照执行。

专家指出,条例的印发施行,标志着党的问责工作进一步规范和强化,再次释放出全面从严治党的强烈政治信号。条例对谁来问责、对谁问责、什么情形要问责、如何问责等具体问题作出了明确规定,让问责工作"有章可循"。

动员千遍,不如问责一次。作为全面从严治党的细化具体化,问责的"利剑"指向何方?"板子"怎么打?"新华视点"记者梳理条例为你一一解读。

覆盖各级党组织 瞄准"关键少数"

条例:党的问责工作是由党组织按照职责权限,追究在党的建设和党的事业中失职失责党组织和党的领导干部的主体责任、监督责任和领导责任。

问责对象是各级党委（党组）、党的工作部门及其领导成员，各级纪委（纪检组）及其领导成员，重点是主要负责人。

中央党校教授辛鸣认为，问责条例对问责工作的概念作了明确界定，首先明确了问责工作的主体和对象，即谁来问责、对谁问责的问题。"问责的主体是有管理权限的党组织，包括从中央到地方的各级党组织。对我们这样一个拥有8800多万党员、440多万党组织的执政党来说，问责工作必须落实分级负责的原则，从中央到地方，层层压实责任。"

中央党校党史教研部主任谢春涛表示，除了自上而下分级负责的原则，条例把问责的责任不仅落实到党委（党组）、纪委（纪检组），也分解到组织、宣传、统战、政法等工作部门，这是问责制度的一个重要创新，体现了全面从严治党要细化落实责任、层层传导压力的鲜明态度。

对于"对谁问责"的问题，条例规定包括失职失责党组织和党的领导干部。

专家表示，将各级党组织纳入问责对象之中，意味着问责不能只对下级，包括中央部委党组、省区市党委也要把自己摆进去。同时，条例还突出强调问责重点是主要负责人，突出了"关键少数"，特别是一把手这个"关键少数中的关键少数"，更成为了问责的重中之重。

6种问责情形　体现纪法分开

十八大以来，党中央把问责作为管党治党利器，先后对山西塌方式腐败、湖南衡阳和四川南充拉票贿选案等严肃问责。据统计，截至今年5月底，全国共对4.5万余名党员干部作出了责任追究，起到了很强的震慑警示作用。

在现有500余部党内法规制度中，与问责相关的共有119部，这些法规制度对事件、事故等行政问责规定多，没有突出坚持党的领导、紧扣全面从严治党，问责主体不明确、事项过于原则、方式不统一。条例明确规定，党组织和党的领导干部有6个方面失职失责的情形，造成严重后果或者影响恶劣的，就要进行严肃问责。

根据条例原文，这6种情形概括起来包括：

党的领导弱化，在推进各项建设中，或者处置重大问题中领导不力，出现重大失误等情形；党的建设缺失，党组织软弱涣散，中央八项规定精神不落实，作风建设流于形式等削弱党执政的政治基础的问题；全面从严治党不力，主体责任、监督责任落实不到位，管党治党失之于宽松软等情形；维护党的政治纪律、组织纪律、廉洁纪律、群众纪律、工作纪律、生活纪律不力，特别是维护政治纪律和政治规矩失职等情形；推进党风廉政建设和反腐败工作不坚决、不扎实，管辖范围内腐败蔓延势头没有得到有效遏制等情形；其他应当问责的失职失责情形等。

辛鸣表示，条例从6个方面具体规定了党组织和党的领导干部失职失责需要问责的情形，前5条是主体内容，第6条是兜底条款，紧扣全面从严治党的方方面面，同时也与行政问责事项区分开来，对引咎辞职、涉嫌犯罪移送司法机关等已有明确规定的方式和程序不再重复规定，体现了坚持依规治党，纪法分开、纪在法前的原则。

7种问责方式　可以合并使用

现有各类问责规定中，共有14种不同问责方式，包括批评教育、作出书面检查、给予通报批评、公开道歉、诫勉谈话、组织处理、调离岗位、停职检查、引咎辞职、辞职、免职、降职、党纪军纪政纪处分、移送司法机关依法处理等。

条例区分党组织和党的领导干部两种不同对象，根据情节轻重规定了共7种问责方式：

对党组织的问责方式有3种，包括检查、通报、改组。

对党的领导干部的问责方式有4种，包括通报、诫勉、组织调整或者组织处理、纪律处分，其中诫勉既包括谈话诫勉，也包括书面诫勉；组织调整或组织处理包括停职检查、调整职务、责令辞职、降职、免职等。

谢春涛分析指出，这些方式均在党内法规中有明确规定，在实践中也经常使用，问责条例对既有各类问责规定中的问责方式进行了规范。

条例还规定，这些问责方式，可以单独使用，也可以合并使用。谢春涛认为，这主要是考虑到在问责实践中，有时要进行组织处理，也要给予纪律处分，这时就要将两种方式合并使用，"双管齐下"。

规定问责时限　实行"终身问责"

条例：问责决定作出后，应当及时向被问责党组织或者党的领导干部及其所在党组织宣布并督促执行。有关问责情况应当向组织部门通报，组织部门应当将问责决定材料归入被问责领导干部个人档案，并报上一级组织部门备案；涉及组织调整或者组织处理的，应当在一个月内办理完毕相应手续。

辛鸣认为，条例明确规定了问责决定作出后如何执行等细则，特别是要求受到问责的领导干部书面检讨的同时，还要在民主生活会或者其他党的会议上作出深刻检查，建立健全问责典型问题通报曝光制度，可以保证问责达到最终效果。

"这既体现了'严'和'实'的精神，也可以通过一个个具体鲜活的案例，发挥警示作用，唤醒责任意识，激发担当精神，真正做到'惩前毖后、治病救人'。"辛鸣说。

此外，条例特别规定：实行终身问责，对失职失责性质恶劣、后果严重的，不论其责任人是否调离转岗、提拔或者退休，都应当严肃问责。

对此,谢春涛表示:"坚持失责必问,问责必严,把该打的板子狠狠打下去,决不能搞下不为例、网开一面,才能不让问责的利剑生锈,形成破窗效应。"

制度的生命在于执行。相关专家最后指出,作为一部党内问责工作的基础性法规,条例对问责情形、问责程序等作了明确而原则的规定,目的是为各地区各部门各单位紧密联系实际细化问责工作、制定实施办法、抓好贯彻落实留下余地。

(新华社北京2016年7月17日电 记者朱基钗、罗宇凡、华春雨)

全面从严治党再添"利器"

7月1日,在庆祝中国共产党成立95周年大会上,习近平总书记发表重要讲话,其中强调,治国必先治党,治党务必从严。如果管党不力、治党不严,人民群众反映强烈的党内突出问题得不到解决,那我们党迟早会失去执政资格,不可避免被历史淘汰。管党治党,必须严字当头,把严的要求贯彻全过程,做到真管真严、敢管敢严、长管长严。

而就在几天前的6月28日,中共中央政治局召开会议,审议通过了《中国共产党问责条例》(以下简称《问责条例》)。

"中国优良传统文化中素有'行百年、半九十'的真知灼见,意在以坚韧、持久精神达到伟大目标。在中国共产党建党95周年前夕,中共中央政治局审议通过《问责条例》,这是一件大事,是对建党95周年的特殊纪念,也是一项献礼。"接受《瞭望》新闻周刊记者专访时,中共中央党校教授、资深党建专家叶笃初说,这既表明了全党对实现"两个一百年"奋斗目标充满信心,同时也是在敦促和呼吁全党，尤其是继往开来的"70后"、"80后"和"90后"，乃至"00后"的代际继替的新几代党员干部，既要"好自为之"，严格遵守党的规矩和纪律；更要"担当责任"，做到在党忧党，为党尽职、为民尽责。

将"问责不贷"制度化

"'问责'是中国传统，也是党的优良作风之一。"叶笃初说，"既讲'问责不贷'，那么使之制度化、细则化，就是顺理成章的事。"

党的十八大以来，《问责条例》的出台在中央的高度关注下稳步推进。

2013年11月，《中央党内法规制定工作五年规划纲要（2013—2017年）》中明确提出，"适时修订《关于实行党政领导干部问责的暂行规定》，进一步明确问责情形、规范问责方式。抓紧制定严格做好被问责干部工作安排的有关规定，严格被问责干部复出条件、程序和职务安排等，保证问责制度与党纪政纪处分、法律责任追究制度有效衔接。"

今年1月召开的十八届中央纪委六次全会的工作报告中，明确今年要制定党内问责条例，将问责作为全面从严治党的"重要抓手"，让"失责必问"成为常态。习近平总书记在此次会议上提出，要整合问责制度，健全问责机制，坚持有责必问、问责必严，把监督检查、目标考核、责任追究有机结合起来，实现问责内容、对象、事项、主体、程序、方式的制度化、程序化。此外,他还强调,问责不能感情用事,不能有怜悯之心,要"较真"、"叫板",发挥震慑效应。

今年6月,中央首次透露《问责条例》制定进展。中共中央政治局常委、中央纪委书记王岐山在京主持召开部分中央部委负责同志座谈会,并到辽宁省召开座谈会,就制定中国共产党问责条例征求意见。王岐山指出,制定问责条例就是要把利剑高悬起来,告诫和警示全党,党中央对问责是动真格的,党的领导干部不担当、不负责就要被追责。

受访专家认为,今年1月,《中国共产党廉洁自律准则》和《中国共产党纪律处分条例》正式实施,党员追求的高标准和管党治党的戒尺得到了明确。如今,《问责条例》审议通过,完善了党内法规制度体系,释放了有责必问、问责必严的强烈信号,既是全面从严治党不断深化的有力体现,也为各级党组织尤其是党员领导干部刻出了一条"担当底线"。

规格高、覆盖面广、权威性强

制定问责条例,是继2015年修订《中国共产党廉洁自律准则》《中国共产党纪律处分条例》后,中央就全面从严治党作出的又一重要部署。

值得关注的是,《问责条例》规格很高。叶笃初分析说,作为管党治党的重器，中国共产党的党内法规制度体系，包括党章、准则、条例、规则、规定、办法、细则7种类型。条例是仅次于党章和准则的上位法规，指导性强、约束力大。

受访专家指出，《问责条例》应当看作是2009年印发的《关于实行党政领导干部问责的暂行规定》的修订升级版，体现了党的十八大以来从严治党的新理念、新思路。

不仅规格上升，在受访专家看来，从《关于实行党政领导干部问责的暂行规定》到《问责条例》，覆盖面也更加广泛。"之所以命名为《中国共产党问责条例》，即意味着问责对象的范围将覆盖各级党组织和全体党员。"庄德水说。

受访专家还指出，审议通过的《问责条例》，把过去散见于不同问责规定当中的制度统一到一部党规中，提升了问责制度的权威性。

习近平总书记在十八届中央纪委六次全会上明确指出，当前的一个问题是，抓安全事故等行政问责多、抓管党治党不力问责少，问责规定零散、内容不聚焦。

有研究统计，现行的党内法规和规范性文件中，与问责相关的多达上百部。国家行政学院法学部副主任杨小军认为，尽管这些规定都各有侧重，但问责规定零散、内容不聚焦的问题明显。"此次审议通过的《问责条例》可有效解决问责碎片化等问题。"

叶笃初总结说，"党内法规制度建设，忌大而空。从《中国共产党廉洁自律准则》《中国共产党纪律处分条例》，再到刚刚审议通过的《问责条例》，都体现出了从细微处入手的思路。从细微处着手，使之有利于落实，这是十八大以来的党内法规制度建设的一大进步、一大成功。"

用问责唤起担当意识

王岐山就制定中国共产党问责条例征求意见时已经明确指出，党的领导弱化、党的建设缺失、全面从严治党不力，党的观念淡薄、组织涣散、纪律松弛，根本原因在于有的党组织和领导干部管党治党不严、责任担当缺失，搞好人主义、一团和气。

经过认真部署和广泛征求意见后，党中央选择在此时推出问责条例这一"全面从严治党的利器"，目的清晰而明确——就是要督促各级党组织尤其是党员领导干部要担当责任，做到在党忧党、为党尽职、为民尽责。

"党要管党，从严治党，关键是各级党组织和党员领导干部得担当起党的建设和党的事业发展的历史责任。没有责任担当，就是最大的失职懈怠，就是对党的建设和党的事业不负责的表现。"杨小军说。

受访专家分析说，6月28日的中央政治局会议已经透露出一系列关键信息。

会议指出，条例贯彻党章，坚持问题导向，紧紧围绕坚持党的领导、加强党的建设、全面从严治党、维护党的纪律、推进党风廉政建设和反腐败工作开展问责。

受访专家认为，明确开展问责的范围，直接剑指的就是为官不为、为官乱为的不良之风。

受访专家指出，在当前的反腐败高压态势下，一些党员干部的责任意识停留在"不求有功、但求无过"的阶段，甚至出现懒政惰政、为官不为现象。还有一些党员干部，权力加身，却不知为民谋利、为党负责，甚至滥权以行、亵渎职责。《问责条例》就是要求党员领导干部不仅要守纪律讲规矩，还要有作为。既不能做有作为的贪官，也不能做廉洁的庸官。

此次中共中央政治局会议还明确，对于失职失责造成严重后果、人民群众反映强烈、损害党执政的政治基础的都要严肃追究责任，既追究主体责任、监督责任，又追究领导责任。

"此前的一些'问责'，有时'板子'只打在当事人身上，而没打到负有领导责任的人身上，使得问责力度不够。"北京大学廉政建设研究中心副主任庄德水说，如果对于作出错误决策的党组织和党员领导干部碍于面子、迫于压力，少问责或不问责，甚至可能使之前取得的反腐成果"得而复失"。

中共中央政治局会议还指出，要把责任压给各级党组织，分解到组织、宣传、统战、政法等党的工作部门，释放有责必问、问责必严的强烈信号。庄德水说，"这其中包含一纵一横的思路，纵向要把责任压给各级党组织，横向则分解到党的各个工作部门。总而言之，就是要落实到位，形成比较完善的问责体系。"

"问责本身也是教育形式。"杨小军说,通过科学合理的问责制度,各级党组织和党员领导干部应承担起全面从严治党的责任,推动管党治党从宽松软走向严紧硬。且应做到积极作为,用担当的行动诠释对党的忠诚。

(原载《瞭望》新闻周刊 记者屈辰)

全面从严治党新举措

推动管党治党从宽松软走向严紧硬
——亮出全面从严治党的利器

6月28日，中共中央政治局审议通过《中国共产党问责条例》（以下简称《条例》），为党的95周岁生日献上了一份珍贵的礼物，彰显了党中央全面从严治党的政治决心，体现了党中央把从严治党的政治承诺转化为制度与行动的坚强意志。

党的十八大以来，以习近平同志为总书记的党中央深入推进党风廉政建设和反腐败斗争，进而深化为全面从严治党，通过问责倒逼责任落实，取得了明显成效。《条例》的出台，将党的十八大以来问责方面的实践创新成果固化为制度，将推动管党治党不断从宽松软走向严紧硬。

唤醒责任意识、激发担当精神，确保实现党的伟大历史使命

实现"两个一百年"奋斗目标和中华民族伟大复兴的中国梦，

是我们党肩负的历史使命和对人民的庄严承诺。责任重于泰山，如果不督促党组织履行管党治党政治责任，不督促党的领导干部践行忠诚干净担当，就难以完成所肩负的历史使命。

党的十八大以来，"担当"和"问责"这两个词多次出现在习近平总书记的重要讲话中：

2013年6月28日，在全国组织工作会议上，总书记指出："担当就是责任，好干部必须有责任重于泰山的意识，坚持党的原则第一、党的事业第一、人民利益第一，敢于旗帜鲜明，敢于较真碰硬，对工作任劳任怨、尽心竭力、善始善终、善作善成。"

2015年1月12日，在同中央党校第一期县委书记研修班学员座谈时，总书记强调："干部就要有担当，有多大担当才能干多大事业，尽多大责任才会有多大成就。不能只想当官不想干事，只想揽权不想担责，只想出彩不想出力。要意气风发、满腔热情干好，为官一任、造福一方。"

2015年6月26日，在中共中央政治局第二十四次集体学习时，总书记指出："要健全问责机制，坚持有责必问、问责必严，把监督检查、目标考核、责任追究有机结合起来，形成法规制度执行强大推动力。问责的内容、对象、事项、主体、程序、方式都要制度化、程序化。要把法规制度执行情况纳入党风廉政建设责任制检查考核和党政领导干部述职述廉范围，通过严肃追究主体责任、监督责任、领导责任，让法规制度的力量在反腐倡廉建设中得到充分释放。"

全面从严治党新举措

2015年12月30日,在主持召开中共中央政治局会议研究部署党风廉政建设和反腐败工作时,总书记指出,"要坚决把全面从严治党的主体责任压下去,加大问责力度,让失责必问成为常态。"

《条例》的制定,就是要通过实施强有力的问责,推动各级党组织和党的领导干部切实担负起责任,把党的战斗力焕发出来,确保实现党的历史使命。

首部问责方面的党内法规,解决管党治党突出问题的有力抓手

提起问责方面的制度,许多人首先想起的是2009年中办、国办印发的《关于实行党政领导干部问责的暂行规定》。此外,与"问责"有关的规定还分散在诸多法律法规和党内法规中,比如行政监察法、《关于实行党风廉政建设责任制的规定》和《推进领导干部能上能下若干规定(试行)》等。据统计,在现有的500余部党内法规制度中,与问责相关的有119部,其中专门规定12部,包含问责内容的107部。

然而,这些法规制度对事件、事故等行政问责规定多,没有突出坚持党的领导、紧扣全面从严治党,没有准确界定责任概念,没有体现权责对等,问责主体不明确、方式不统一。随着全面从严治党的不断深入,迫切需要整合规范问责制度。《条例》首次全面聚焦党内问责,成为首部关于问责方面的基础性党内法规。

党的十八大以来,党中央抓住落实党风廉政建设责任制中的主体责任这个"牛鼻子",把问责作为管党治党利器,先后对山西

塌方式腐败、湖南衡阳破坏选举案和四川南充拉票贿选案等严肃问责。截至今年5月底,全国共对4.5万余名党员领导干部作了责任追究。这些党内问责方面的丰硕工作成果为制定《条例》提供了重要的实践支撑,推动问责制度在坚持中深化、在深化中坚持,不断将实践创新成果固化为制度。

党的十八大以来,中央已经开展了十轮巡视,在最近几次的巡视反馈中,可以发现被巡视地区和单位的问题主要集中在党的领导弱化、党的建设缺失、全面从严治党主体责任监督责任落实不到位、维护党的纪律不力、推进党风廉政建设和反腐败工作不坚决不扎实等几个方面。值得关注的是,在《条例》的第六条中,恰恰就是以上述几个方面划分问责情形。这充分说明,十八大以来,党中央通过巡视等手段在全面从严治党过程中,深化了对坚持党的领导、加强党的建设、全面从严治党、推进党风廉政建设和反腐败工作的认识,体现了中国特色社会主义理论和实践的创新成果,为解决目前管党治党方面存在的突出问题找到了有力抓手。

敢于较真碰硬、层层传导压力,让失责必问、问责必严成为常态

从2015年下半年起,为落实党中央部署和习近平总书记重要指示,中央纪委着手起草《条例》。在起草过程中,中央纪委坚持充分调研、反复论证。中共中央政治局常委、中央纪委书记王岐山先后13次主持中央纪委常委会议、办公会议和专题会议,研究起草工作，明确制定思路和主要内容；在北京主持召开部分中央部委负责同志座谈会，听取意见建议；到辽宁召开座谈会，听取辽宁省委、省纪委和省人大常委会、省政府、省政协、省高级人民法院、省人民检察院党组负责同志的意见。中央纪委还安排各位副书记分别召开所联系地区和单位纪检机关（机构）主要负责人座谈会，广泛征求意见。

经党中央批准，2016年5月18日，中央办公厅印发通知，征求各地区各部门共180余家单位对《条例》的意见建议。各单位对《条例》征求意见稿给予充分肯定，同时也提出不少意见。起草组在对意见逐条梳理、认真修改后，形成《条例》送审稿。6月14日、6月28日，中央政治局常委会会议、中央政治局会议分别审议通过《条例》送审稿。

通读《条例》可以发现，全文共13条，并不太长，注重简明使用，包括目的和依据，指导思想，问责原则，问责主体和对象，问责情形，问责方式，问责执行等。《条例》坚持问题导向，把握有限目标，不贪大求全，突出重点作出规定，增强《条例》针对性和实效性。

值得关注的是，《条例》对党委（党组）、纪委（纪检组）及党的工作部门在问责中的职责作出明确规定，使责任不仅落实到党委（党组），也分解到组织、宣传、统战、政法等部门，并强调既追究主体责任、监督责任，又追究领导责任，体现了细化落实责任、层层传导压力的要求，释放了有责必问、问责必严的强烈信号。《条例》对问责情形、问责程序等作了明确而原则的规定，目的是为各地区各部门各单位紧密联系实际细化问责工作、制定实施办法、抓好贯彻落实留下余地。

《条例》的另一个亮点是"终身问责"。第十条规定，对失职失责性质恶劣、后果严重的，不论其责任人是否调离转岗、提拔或退休，都应当严肃问责。此外，根据第六条规定，对不敢问责的也要进行问责，这充分体现了我们党强化责任追究的坚定意志，决不能搞下不为例、网开一面，使问责的利剑生锈，形成"破窗效应"。

《条例》已经出台，问责的号角已经吹响。我们相信，只要各级领导干部心系使命、扛起责任，就没有过不去的坎，全面从严治党的"利器"必将为实现党的历史使命发挥重要推动作用。

（《人民日报》2016年07月18日04版 记者姜洁）

全面从严治党新举措

制度问责成为中共全面从严治党新利器

中共中央近日印发了《中国共产党问责条例》。这部中共治理的纲要性文件与《中国共产党纪律处分条例》《中国共产党廉洁自律准则》共同组成严肃党内政治生活的"制度矩阵",成为中共全面从严治党的新利器。

问责条例的鲜明特色是用制度扎紧看管权力的笼子,强化追究在党的建设和党的事业中失职失责的党组织和党的领导干部,尤其是主要领导的主体责任。

中国共产党在95年前成立时只有50多名党员,如今党员人数已经超过8700万。中国共产党在十八届五中全会上明确提出到2020年时,中国将全面建成小康社会,国内生产总值和城乡居民收入比2010年翻一番。

中共的另一个奋斗目标是在其执政一百年时,带领中国建成为富强、民主、文明、和谐的社会主义现代化国家,实现中华民族的伟大复兴。

从世界上几个长期执政的政党经验和教训上来看，为政清廉是巩固政权的根本保证。许多有过辉煌历史的政党，其政权的丧失都是从党内贪污腐败开始的。

中共十八大以来，先后对山西塌方式腐败、湖南衡阳和四川南充拉票贿选案等严肃问责，中央纪委通报曝光河南新乡市委和市纪委原主要负责人履行"两个责任"不力等问题。截至今年5月底，共有4.5万余名党员领导干部被追究责任。

"千里之堤溃于蚁穴"，大崩溃都是从小腐败开始。从中纪委公布的一些"党的建设缺失""小案子"来看，中共非常在意防微杜渐。比如，因下属单位私设"小金库"，违规公款吃喝、购卡、旅游，中国海洋石油总公司南海东部管理局党委书记、局长刘再生被给予党内警告处分。

问责条例将"党的建设缺失"列入问责情形，目的就是要保持利剑高悬，不断提高党的建设科学化水准。

对中共来说，除了遏制腐败，还面临如何将中央精神和政策坚决贯彻到底的挑战。

"一段时间来，党内出现了一些'你好、我好、大家好'、领导干部逃避或回避问题的慵政现象，另外还有'为官不为，为官慢为'的懒政现象。"中国浦东干部学院中国特色社会主义研究基地首席专家刘靖北教授说，如何确立与党员领导干部权力相对应的责任担当，问责条例正是要切实解决这方面的问题。从党纪角度，提出一整套追究的依据，十分必要。

全面从严治党新举措

中共湖南省临湘市委原书记黄俊钧被给予党内严重警告处分，调离现工作岗位。原因就在于，当他听到关于临湘市委原副书记、市长龚卫国吸毒，男女作风、朋友圈混乱，插手工程项目等问题的反映后，他不重视、不敏感、不警觉，主体责任落实不力。

最新出台的问责条例将党章规定细化、具体化，进一步扎紧从严治党的制度笼子。问责条例突出政治责任、聚焦从严治党，明确了问责的依据与原则、主体与对象、内容与情形、方式与方法，从制度上解决了"问谁责、谁来问、问什么、怎么问"等问责实践和操作问题，是中共问责制度的一次重要完善和创新。

刘靖北分析指出，问责条例还特别强调了"实行终身问责"，"不论其责任人是否调离转岗、提拔或者退休，都应当严肃问责"，这就为党员领导干部的言行和决策套上了"紧箍咒"。

通过制度化、法治化手段，强调全面从严治党，这是中共十八大以来中央领导集体治国理政的鲜明特点。从严治党是一个不断推进的过程，"永远在路上"，这就需要一套组合拳，形成制度规范，从而避免短期效应。

中共中央党校教授戴焰军说，中共要完成领导人民完成民族伟大复兴的历史使命，"靠的就是加强党的建设、全面从严治党"。通过制定条例，实施强有力的问责，"特别是要抓住关键少数"，推动各级党组织和党的领导干部切实担负起责任，把党的战斗力焕发出来。

（新华社北京 2016 年 7 月 18 日电 记者壮锦、刘斐、许晓青）

以案释纪
——从典型案例看《中国共产党问责条例》执纪重点

近日，中共中央印发了《中国共产党问责条例》，并发出通知，要求各地区各部门认真遵照执行。

回顾近年来查处的典型案例，以五类案例解读五大问责情形，有助于广大党员把自己摆进去，认清责任、守住底线、拧紧"发条"、勇于担当。

加强党的领导　强化担当敢于亮剑

【案例】2016年2月，中央纪委通报了7起受到责任追究的典型问题。其中，湖北省地税局原党组书记、局长许建国，财政部驻北京监察专员办事处原党组书记、监察专员张更华等人被免去相关职务。

各级党委(党组)书记作为管党治党第一责任人，是"关键少数"

全面从严治党新举措

中的"关键少数",必须牢固树立不管党治党就是严重失职的观念。7起问题产生的根源均为本地区本部门党的领导弱化,党委(党组)一把手责任担当缺失,管党治党不力。

【点评】"领",就是率先垂范、引领示范,"导",就是要发现问题、及时纠正。在问责条例列出的六个方面失职失责行为中,"党的领导弱化"位列问责情形第一条,传递出要坚决贯彻党的理论和路线方针政策、党中央的决策部署的强烈信号。加强党的领导、强化"四个意识",既要牢牢坚持党性原则,不断增强政治定力,又要强化责任担当,在大是大非面前旗帜鲜明,在重大原则问题上敢于发声、亮剑。

绷紧作风建设这根弦　扼牢权力"任性的手"

【案例】因下属单位私设"小金库",违规公款吃喝、购卡、旅游,中国海洋石油总公司南海东部管理局党委书记、局长刘再生被给予党内警告处分;中国证监会上海期货交易所违反规定,花费100余万元举办春节联欢暨先进表彰会,本单位因公出国团组公款旅游、消费,原党委书记、理事长杨迈军被给予党内警告处分,并被免去相关职务;广东省阳江市国土局纪检组组长许华因国土局及下属单位多次发生公款吃喝、送礼、转嫁接待费用问题,被给予党内警告处分。

上述案例中的问责对象均存在作风建设不到位、落实中央八项规定精神不严格问题。

【点评】推进党的建设新的伟大工程，作风建设是"先手棋"，一子落、满盘活。本次问责条例将"党的建设缺失"列入问责情形，就是要利剑高悬、震慑常在，防止党的建设缺失、中央八项规定精神不落实、作风建设流于形式，不断提高党的建设科学化水平。

用问责把责任压下去　全面从严治党永远在路上

【案例】搞"好人主义"，爱惜"羽毛"，最终酿成恶果。当湖南省临湘市委原书记黄俊钧听到关于临湘市委原副书记、市长龚卫国吸毒，男女作风、朋友圈混乱，插手工程项目等问题的反映后，他不重视、不敏感、不警觉，主体责任落实不力，被给予党内严重警告处分，调离现工作岗位。

【点评】顾虑班子团结，出于做"老好人"怕得罪人、爱惜"羽毛"等心理，处理问题时失之于宽松软，其实质是为官不为，"两个责任"落实不到位。

治国必先治党，治党务必从严。从"宽松软"走向"严紧硬"是一个过程，本次问责条例将"全面从严治党不力，主体责任、监督责任落实不到位"列入问责情形，就是要久久为功，推动管党治党制度化常态化，坚决破除好人主义、一团和气，进一步把压力层层传导下去，扎紧全面从严治党的制度笼子。

全面从严治党新举措

把纪律挺在前面　真正成为"带电的高压线"

【案例】660万元、1552万元，这是河南省新乡市两名厅级干部的受贿金额。包养情妇，长期为其提供生活来源、并生育一儿一女，涉嫌违纪违法金额特别巨大，这是该市另一名厅级干部的严重违纪行为。

新乡市市委书记李庆贵作为新乡市委党风廉政建设第一责任人，不仅落实党风廉政建设主体责任不到位，疏于教育、管理和监督，更在新乡市领导班子换届期间，向上级组织推荐3人并均得到重用，不讲政治纪律和政治规矩，处理严重失当，被给予党内严重警告处分，并被免去其领导职务。

【点评】问责条例将维护党的纪律不力列入问责情形，强调要维护党的政治纪律、组织纪律、廉洁纪律、群众纪律、工作纪律、生活纪律，严把政治关、作风关、能力关、廉政关，杜绝歪风邪气。把纪律和规矩挺在前面，才能把制度的篱笆越扎越紧，从源头预防和治理贪腐。

咬耳扯袖、红脸出汗　坚决扎实推进党风廉政建设

【案例】山东省青岛日报社党委原书记、青岛日报社社长、青岛报业传媒集团有限公司董事长蔡晓滨或许没有想到，自己虽拒收该报业集团人员的贿赂，但仍因单位多人违纪违法问题被给予

党内严重警告处分。当该报业集团人员出现公款旅游、收受贿赂、瞒报收入、与他人发生不正当两性关系等问题时，蔡晓滨作为党委书记并未引起警惕，更未举一反三，严肃查纠。"独善其身"看似合法，却为腐败滋生蔓延埋下更大隐患。

【点评】作为党委（党组）主要负责人，只想着独善其身、高高挂起，实为政治敏锐性和警惕性不足，其失责之处正在于放任自流、养痈遗患，党风廉政建设责任制落不到实处，对当地政治生态产生负面影响。

风清则气正，气正则心齐，心齐则事成。本次问责条例将"推进党风廉政建设和反腐败工作不坚决、不扎实"列入问责情形，表明了党中央坚定不移反对腐败的决心没有变，坚决遏制腐败现象蔓延势头的目标没有变。只有拿出猛药去疴、重典治乱的决心，刮骨疗毒、壮士断腕的勇气，不留"暗门"、不开"天窗"，党风廉政建设和反腐败工作才能坚决扎实推进下去。

（新华社北京2016年7月17日电　记者罗宇凡、陈聪）

媒体评论

MEI TI PING LUN

★★★★

让失责必问成为从严治党的利器

中共中央政治局近日召开会议,审议通过《中国共产党问责条例》。中国共产党以此进一步扎牢问责的制度笼子,以失责必问的常态化,来倒逼广大党员尤其是党员领导干部在党忧党、为党尽职、为民尽责,全面推进从严治党。

中国共产党95年的历史经验表明,责任意识、担当精神是党的事业不断进步的宝贵财富,只要各级党员领导干部心系使命、扛起责任,就没有过不去的坎。反之亦然,责任担当的缺失,导致一些握有"实权"的党员领导干部组织意识涣散、纪律观念淡薄,甚至出现贪污腐败、渎职等违法乱纪行为,这些都必须从制度上坚决遏止。

"天下之事,不难于立法,而难于法之必行"。无论是失职失责造成严重后果的,还是人民群众反映强烈的,甚至是损害党执政的政治基础的,都要严肃追究责任。各级领导干部必须把管党治党的责任担当起来,把自己摆进去,联系实际、以上率下,敢于较真碰硬、层层传导压力,让失责必问成为常态,条例制度才真正具备生命力。

要真正实现令行禁止,就必须整合问责制度,健全问责机制,坚持有责必问、问责必严。党的各级纪律部门必须把监督检查、目标考核、责任追究有机结合起来,实现问责内容、对象、事项、主体、程序、方式的制度化、程序化,既追究主体责任、监督责任,又追究领导责任。

依靠制度治党是党在新的历史条件下的重要指导方针和工作主线,问责条例也必将成为全面从严治党的重要抓手。"工欲善其事,必先利其器",只有让失责必问成为全面从严治党的利器,进一步释放出问责必严的强烈信号,才能切实有效地将权力关进制度的笼子。

(新华社北京 2016 年 6 月 29 日电　记者高健钧、魏圣曜)

全面从严治党的重要利器

在中国共产党成立95周年前夕，中共中央政治局召开会议，审议通过《中国共产党问责条例》。问责条例突出问题导向，进一步整合问责制度，健全问责机制，这是全面从严治党的重要制度创新，彰显了党中央"全面从严治党永远在路上"的政治自觉和责任担当。

权力就是责任，责任就要担当。回顾我们党95年奋斗历程，担当精神是共产党人的鲜明品格，也是党领导人民创造辉煌成就的光荣传统。新形势下，实现"两个一百年"奋斗目标、实现中华民族伟大复兴的中国梦，关键是各级党组织尤其是党员领导干部要担当责任，做到在党爱党、在党忧党，为党尽职、为民尽责。实践证明，有敢于担当、勇于负责的党组织和领导干部，党的建设、管党治党就会坚强有力，党的领导核心作用就能充分发挥。责任重如泰山。唤醒责任意识，激发担当精神，永葆党的凝聚力和战斗力，始终是全面从严治党的重要课题。

全面从严治党新举措

有权必有责，失责必追究，问责是全面从严治党的重要抓手。落实党对领导干部提出的忠诚干净担当的政治要求，必须靠制度来保障。问责条例贯彻党章，紧紧围绕坚持党的领导、加强党的建设、全面从严治党、维护党的纪律、推进党风廉政建设和反腐败工作开展问责。对于失职失责造成严重后果、人民群众反映强烈、损害党执政的政治基础的都要严肃追究责任，既追究主体责任、监督责任，又追究领导责任。以问责倒逼责任落实，以问责层层传导压力，问责条例释放了有责必问、问责必严的强烈信号，是全面从严治党的重要利器。

制度建设不会一蹴而就，也不会一劳永逸，而要根据形势发展和实践需要与时俱进、不断完善。以习近平同志为总书记的党中央总结管党治党丰富经验，特别是十八大以来从严治党实践成果，修订出台了《中国共产党廉洁自律准则》《中国共产党纪律处分条例》，制定了《中国共产党问责条例》。从树立高标准，到明确"负面清单"，再到提出责任要求，三部党内法规既相互衔接、相互补充，又相辅相成、相得益彰，标志着全面从严治党的制度笼子越扎越紧，推动管党治党走向严紧硬、更加制度化常态化。

制度的生命在于执行，动员千遍不如问责一次。作为全面从严治党的重要制度，问责条例就是要把利剑高悬，告诫和警示全党，党中央对问责是动真格的，党的领导干部不担当、不负责就要被追责，谁也不能例外，谁都必须尽责。执行制度关键在人，关键是各级党组织和领导干部敢于较真碰硬、狠抓制度落实，真正把管党治党的责任担当起来。只有把自己摆进去，紧紧围绕贯彻党的路线方针政策、协调推进"四个全面"战略布局强化问责，坚决破除好人主义、一团和气，让失责必问成为常态，才能让问责条例落地，成为党员履职尽责的有力约束和经常性提醒，确保党中央的集中统一领导和政令畅通，确保党的团结统一。

从"我们的责任，是向人民负责"到"为人民服务，担当起该担当的责任"，95年风雨兼程、砥砺奋进，始终如初的是共产党人为民族奋斗、为人民担当的赤子之心。新征程上，坚定不移推进全面从严治党，不忘为民初心，不改担当本色，我们党必将更加坚强有力，团结带领13亿人民不断抵达民族复兴伟业的新境界。

（新华社北京6月29日电　新华社评论员）

全面从严治党新举措

进一步扎紧从严治党的制度笼子
——一论贯彻落实《中国共产党问责条例》

近日，中共中央印发《中国共产党问责条例》。作为我们党制定的又一部重要基础性党内法规，问责条例规范和强化党的问责工作，进一步夯实了全面从严治党的制度基石，向全党释放出有责必问、问责必严的强烈信号，是管党治党的重要利器。

治国必先治党，治党务必从严。在庆祝中国共产党成立95周年大会上，习近平总书记告诫全党不忘初心、继续前进，不断把党的建设新的伟大工程推向前进。"事必有法，然后可成。"严字当头，重在抓实。要把严的要求贯彻全过程，做到真管真严、敢管敢严、长管长严，就必须靠制度来保障，就必须用好问责这个重要抓手，推动管党治党从宽松软走向严紧硬。

党的十八大以来，党中央把问责作为管党治党利器，先后对山西塌方式腐败、湖南衡阳和四川南充拉票贿选案等严肃问责，中央纪委通报曝光河南新乡市委和市纪委原主要负责人履行"两个责任"不力等问题。截至今年5月底,全国共对4.5万余名党员领导干部作了责任追究。问责工作持续深入,内容方式不断创新,体现了党中央以强有力问责推动全面从严治党的鲜明态度,推动了"两个责任"落实,为制定问责条例提供了实践基础。

同时,也应看到,在问责方面,制度建设有待进一步加强,一些党组织和领导干部奉行好人主义、缺乏责任担当的现象依然存在。在现有500余部党内法规制度中,与问责相关的共有119部。这些法规制度对事件、事故等行政问责规定多,对管党治党不力问责少,存在问责主体不明确、事项过于原则、方式不统一等问题。随着全面从严治党不断深入,迫切需要整合规范问责制度,实现问责内容、对象、事项、主体、程序、方式的制度化、程序化。这是推进全面从严治党的实践要求,是解决管党治党突出问题的现实需要,更是实现党的历史使命的重要保障。

立治有体,施治有序。问责条例将党章规定细化、具体化,进一步扎紧从严治党的制度笼子。从聚焦党的领导弱化、党的建设缺失、全面从严治党不力、维护党的纪律不力、推进党风廉政建设和反腐败工作不扎实等六方面失职失责行为,到聚焦各级党委班子成员尤其是一把手;从明确对党组织和领导干部的具体问责方式,到问责执行、终身问责等方面的规定……问责条例突出政治责任、聚焦从严治党,明确了问责的依据与原则、主体与对象、内容与情形、方式与方法,从制度上解决了"问谁责、谁来问、问什么、怎么问"等问责实践和操作问题,是我们党问责制度的一次重要完善和创新。

宝剑锋从磨砺出。问责条例的13条内容,源于管党治党实践,又将实践创新成果固化为制度,具有鲜明的时代特色和实践特色。条例以问责倒逼责任落实,既追究主体责任、监督责任,又追究领导责任,体现了"有权必有责、有责要担当、失责必追究"的问责工作核心思想;条例坚持问题导向,抓住"关键少数"、把握有限目标,突出重点作出规定,增强了针对性和实效性;条例突出党规特色,采用党言党语、纪言纪语,实现纪法分开,注重与其他党内法规的协调衔接,做到要义明确、简便易行。

全面从严治党永远在路上,制度建设也需要在实践中不断推进。从修订出台《中国共产党廉洁自律准则》《中国共产党纪律处分条例》,到制定《中国共产党问责条例》,党中央一步一步箍紧制度笼子,不断激发制度治党的强大力量。用问责砥砺全党,用担当诠释忠诚,贯彻落实好问责条例,我们党必将进一步焕发凝聚力和战斗力,带领广大人民为实现"两个一百年"奋斗目标和中国梦奋勇前行。

(新华社北京2016年7月17日电　新华社评论员)

唤醒责任意识　激发担当精神
——二论贯彻落实《中国共产党问责条例》

权力就是责任，责任就要担当。从规定6种问责情形，到明确7种问责方式，再到规定问责时限、实行"终身问责"，1700余字的《中国共产党问责条例》充分体现了管党治党的政治责任。制定出台问责条例，就是要唤醒责任意识、激发担当精神，永葆党的凝聚力和战斗力。

我们党近百年奋斗历程，充分展现了共产党人勇担历史重任的担当精神。今天，实现"两个一百年"奋斗目标、实现中华民族伟大复兴的中国梦，关键是各级党组织尤其是党员领导干部要担当责任，做到在党忧党，为党尽职、为民尽责。永葆奋斗精神，永怀赤子之心，最终要体现在担当的作为上。全面从严治党、推进标本兼治，最根本的就在于各级领导干部切实把管党治党的责任担当起来，为拒腐防变、抓好党建各司其职、各尽其责。

党的十八大以来，党中央紧紧抓住落实主体责任这个"牛鼻子",先后对一批在党的建设和党的事业中失职失责典型问题严肃问责,强化问责成为管党治党、治国理政的鲜明特色。习近平总书记多次强调,有权必有责、有责要担当、失责必追究。制定问责条例,就是在实践的基础上,通过制度把权力与责任、义务与担当对应起来,用问责倒逼责任落实、激发干部担当精神,让广大干部用担当的行动诠释对党的忠诚,厚植党执政的政治基础。

贯彻落实问责条例,必须把握好权力、责任、担当的关系,进一步树立正确的权力观。对党的干部来说,在权力与责任的关系上,责任是第一位的;在义务和权利的关系上,义务在先;手中的权力越大,就意味着责任越大,要担当、要忧心的事就越多。现实中,一些干部只想当官不想干事,只想揽权不想担责,只想出彩不想出力,存在不作为、乱作为等问题,影响了事业发展,损害了党的形象。权力和责任是对等的,忠诚干净担当是党对领导干部提出的政治要求。在管党治党方面,同样不能有权力无责任、有职责无作为。只有在思想上正本清源、固本培元,牢固树立"权力就是责任、责任就要担当"的观念,不断增强"四个意识",才能心系使命、扛起责任,用走在前列、干在实处的担当向党和人民交出合格答卷。

贯彻落实问责条例,必须靠制度压实责任、落实责任,不断让管党治党的政治责任落地生根。有问责才有负责,坐而论道,不如强化问责。一些地方和单位之所以存在党的领导弱化、党的建设缺失、全面从严治党不力、党的观念淡薄、组织涣散、纪律松弛等问题，根本原因就在于党组织和领导干部管党治党不严、责任担当缺失，搞好人主义、一团和气。制定问责条例，实质是打造促进责任担当的压力机制、倒逼机制，为各级党组织和党员领导干部划出担当底线、问责红线。认真贯彻落实问责条例，就是把利剑高悬起来，告诫和警示全党，党中央对问责是动真格的，党的领导干部不担当、不负责就要被追责。只有在制度上不断完善、强化执行，才能层层传导压力，形成一级抓一级、层层抓落实的管党治党良好局面。

责任重于泰山，担当开创未来。对我们这样一个拥有8800多万名党员、440多万个党组织的执政党来说，全面从严治党，必须靠各级党组织和党员领导干部共同努力。贯彻落实好问责条例，进一步在全党唤醒责任意识、激发担当精神，我们必将不断把党的建设新的伟大工程推向前进，把民族复兴的伟大事业推向前进。

（新华社北京2016年7月18日电　新华社评论员）

让失责必问、问责必严成为常态
——三论贯彻落实《中国共产党问责条例》

动员千遍,不如问责一次。《中国共产党问责条例》的制定出台,向全党释放强烈政治信号:党中央对问责是动真格的,要让失责必问、问责必严成为常态。真抓严管、狠抓落实,把问责条例这把利剑用起来,是全面从严治党的必然要求,也是检验各级党组织和领导干部责任意识、担当精神的试金石。

一分部署,九分落实,制度的生命在于执行。在一些地方和部门,之所以存在有令不行、有禁不止等现象,规章制度之所以成了"稻草人",一个重要原因就是缺乏问责或者问责不力,这是管党治党宽松软问题的重要表现。比如,有的领导干部对问题视而不见,做"老好人"、当"甩手掌柜";有的处理措施高高举起、轻轻放下,"罚酒三杯"、不痛不痒;还有的所谓问责只闻雷声、不见下雨,最后不了了之。

现实告诉我们,有责不担,正气难彰;失责不问,百弊丛生。

问责如果不立起来,严字当头就难以保障。问责条例是全面从严治党的重要制度利器,颁布了就必须不折不扣执行、真刀真枪问责,切实做到真管真严、敢管敢严、长管长严,从而发挥制度的力量,不断推动问责工作制度化、常态化。

执行制度关键在人。让失责必问、问责必严成为常态,必须抓住领导干部这个"关键少数"。党的领导是具体的不是抽象的,"领"就是率先垂范、引领示范,"导"就是要发现问题、及时纠正。问责条例能否起作用,关键在于各级党组织和党的领导干部能不能担当、敢不敢较真、有没有战斗性。"己不正,焉能正人。"领导干部不能只对着下级说事,要把自己摆进去,手电筒对着自己照。以身作则、以上率下,敢于较真碰硬、发声亮剑,以眼里不揉沙子的认真劲儿对失职失责现象说不,以敢问责、严问责、常问责的行动徙木立信,才能树立"有权必有责,失责必追究"的正确导向,把管党治党的政治责任落到实处。

"令在必信,法在必行。"让失责必问、问责必严成为常态,必须强化执行力、彰显震慑力。问责是从严治党、依规治党的重要手段,不能感情用事。坚决破除好人主义、一团和气,把该打的板子狠狠打下去,不搞下不为例、网开一面,不搞大事化小、小事化了,才能形成"问责一个,警醒一片"的震慑效应,增强广大党员对制度的敬畏之心。始终保持踏石留印、抓铁有痕的劲头,紧盯问责条例规定的六种问责情形严肃问责,层层传导压力,对不敢问责的也要问责,才能利剑高悬、震慑常在,以问责常态

全面从严治党新举措

化促进党的纪律执行到位。纪委、纪检组也要从自身做起，肩负起监督执纪问责的职责使命，做到动真格、敢问责，使问责利器在实践中释放威力、更加锐利。

全面从严治党永远在路上，正如习近平总书记在庆祝中国共产党成立95周年大会上指出的："党和人民事业发展到什么阶段，党的建设就要推进到什么阶段。"不忘初心，继续前进。在实现"两个一百年"奋斗目标和中国梦的新征程上，贯彻落实好问责条例，使管党治党从宽松软走向严紧硬，不断推进党的建设新的伟大工程，我们党必定能带领人民实现历史使命，在新的赶考中交出更加优异的答卷。

（新华社北京2016年7月19日电 新华社评论员）

加强问责，推动全面从严治党走向深化

近日，中共中央印发《中国共产党问责条例》，并发出通知，要求各地区各部门认真遵照执行。事实上，自上个月该条例在中央政治局会议审议通过以来，"党内问责"的话题就在网络上引起关注热潮。如今条例正式印发，对于推动全面从严治党走向深化，具有极其重要的意义。

党风廉政建设的实践告诉我们，不少党员干部手中掌握着很现实的调配资源权力，因此应该肩负起相应的责任，实现权力与责任对等。对于党员干部手中的权力，中央的要求是明确的，就是只能用来为民谋福利，不许谋私利。但一些地方仍不时出现滥权、渎职等违法违纪案件，足以说明相关制度有待进一步完善落实。"动员千遍不如问责一次"，加强问责，才能确保权力在正确的轨道上运行。

此前，关于问责，党和政府也出台过相关规定。有专家指出，

全面从严治党新举措

这些规定散见于纪律处分条例、党政领导干部问责暂行规定、行政监察法、公务员法等法律法规中,有些还偏于行政问责范畴。而要坚决贯彻"党要管党,从严治党"的要求,制定党内问责条例势在必行。

去年6月下旬,中央政治局就加强反腐倡廉法规制度建设进行第二十四次集体学习。在这次会议上,总书记明确指出,要健全问责机制,坚持有责必问、问责必严,把监督检查、目标考核、责任追究有机结合起来,形成法规制度执行的强大推动力。按照相关要求,《中国共产党问责条例》如今应运而生,对广大党员干部时刻保持警醒,知道有所为、有所不为,建立对权力的敬畏,必将产生强大警示效应。

制度的生命力在于实施。对于那些还敢胡作非为的个别人来说,《中国共产党问责条例》就是利剑,就要按照不担当就要担责、不负责就要被追责的要求,做到失责必问、问责必严。同时,既追究主体责任,还要追究监督责任和领导责任,真正发挥出问责的威力。唯此,才能进一步唤醒敬畏之心,推动党员干部勇于担当、勤勉干事、干净做人,不负信任与托付,推动形成更加清正廉洁的党风政风。

(新华社北京2016年7月17日新媒体专电 记者李代祥)

让"终身问责"成为"拍脑袋"决策的终结利器

近日正式印发的《中国共产党问责条例》提出,"追究在党的建设和党的事业中失职失责党组织和党的领导干部的主体责任、监督责任和领导责任",并"实行终身问责,对失职失责性质恶劣、后果严重的,不论其责任人是否调离转岗、提拔或者退休,都应当严肃问责。"这对惯于"长官意志"和"家长作风",喜欢"拍脑袋"做决策的领导干部,必将形成强大震慑。

近年来,我国少数地方不时出现城市建设的怪现象。诸如人口并不多的小县城,县城中心广场却大得惊人,赛过其他地市级城市;一些地方热衷搞新区建设,成片的新楼盘空置成为"鬼城";有的地方城市建设不走专家论证,不听取群众意见,决策者一意孤行,执意搞什么大树进城,或是美其名曰"恢复历史旧貌",为此不惜强拆强推,当地百姓背后以"某大拆""某大扒"等称呼作为回应。

城建决策之所以能够"任性",一方面是因为"唯ＧＤＰ"的发展观念在作祟,另一方面也与问责制度不够完善和落实不到位有关。当有关部门发现"拍脑袋"决策的后果时,相关领导干部早就升迁或调任转岗了，决策失误的追究常常就此罢休，形成事实上的既往不咎，进而形成"破窗效应"。致使"拍脑袋"决策继续上演，"形象工程""政绩工程"不时出现。

如今，问责条例明确提出要"实行终身问责"，即责任追究不再设时限，无论当时决策失误者在哪里，是否已经退休，只要出现失责，都会被问责。这对那些不搞科学决策、不走依法程序的决策者，不啻一记响亮警钟。

要让"终身问责"落到实处，特别是减少"拍脑袋"决策的发生，还需进一步完善群众监督制度的配套。如果哪里再出现群众意见很大的"政绩工程"等项目，通过群众雪亮的眼睛，及时启动调查程序和问责机制，避免不良决策后果继续扩大，从而促使决策更加科学、更加民主，进而提升科学治理水平。

（新华社北京2016年7月20日新媒体专电 记者李代祥）

附　录
FU LU

中国共产党廉洁自律准则

(中共中央,2015年10月)

中国共产党全体党员和各级党员领导干部必须坚定共产主义理想和中国特色社会主义信念,必须坚持全心全意为人民服务根本宗旨,必须继承发扬党的优良传统和作风,必须自觉培养高尚道德情操,努力弘扬中华民族传统美德,廉洁自律,接受监督,永葆党的先进性和纯洁性。

党员廉洁自律规范

第一条　坚持公私分明,先公后私,克己奉公。

第二条　坚持崇廉拒腐,清白做人,干净做事。

第三条　坚持尚俭戒奢,艰苦朴素,勤俭节约。

第四条　坚持吃苦在前,享受在后,甘于奉献。

全面从严治党新举措

党员领导干部廉洁自律规范

第五条 廉洁从政,自觉保持人民公仆本色。

第六条 廉洁用权,自觉维护人民根本利益。

第七条 廉洁修身,自觉提升思想道德境界。

第八条 廉洁齐家,自觉带头树立良好家风。

中国共产党纪律处分条例

(中共中央,2015年10月)

第一编　总　则

第一章　指导思想、原则和适用范围

第一条　为维护党的章程和其他党内法规,严肃党的纪律,纯洁党的组织,保障党员民主权利,教育党员遵纪守法,维护党的团结统一,保证党的路线、方针、政策、决议和国家法律法规的贯彻执行,根据《中国共产党章程》,制定本条例。

第二条　本条例以马克思列宁主义、毛泽东思想、邓小平理论、"三个代表"重要思想、科学发展观为指导,深入贯彻习近平总书记系列重要讲话精神,落实全面从严治党战略部署。

第三条　党章是最根本的党内法规,是管党治党的总规矩。党的纪律是党的各级组织和全体党员必须遵守的行为规则。党组织和党员必须自觉遵守党章,严格执行和维护党的纪律,自觉接受

党的纪律约束，模范遵守国家法律法规。

第四条 党的纪律处分工作应当坚持以下原则：

（一）党要管党、从严治党。加强对党的各级组织和全体党员的教育、管理和监督，把纪律挺在前面，注重抓早抓小。

（二）党纪面前一律平等。对违犯党纪的党组织和党员必须严肃、公正执行纪律，党内不允许有任何不受纪律约束的党组织和党员。

（三）实事求是。对党组织和党员违犯党纪的行为，应当以事实为依据，以党章、其他党内法规和国家法律法规为准绳，准确认定违纪性质，区别不同情况，恰当予以处理。

（四）民主集中制。实施党纪处分，应当按照规定程序经党组织集体讨论决定，不允许任何个人或者少数人擅自决定和批准。上级党组织对违犯党纪的党组织和党员作出的处理决定，下级党组织必须执行。

（五）惩前毖后、治病救人。处理违犯党纪的党组织和党员，应当实行惩戒与教育相结合，做到宽严相济。

第五条 本条例适用于违犯党纪应当受到党纪追究的党组织和党员。

第二章 违纪与纪律处分

第六条 党组织和党员违反党章和其他党内法规，违反国家法律法规，违反党和国家政策，违反社会主义道德，危害党、国家和人民利益的行为，依照规定应当给予纪律处理或者处分的，都必须受到追究。

第七条 对党员的纪律处分种类：

（一）警告；

（二）严重警告；

（三）撤销党内职务；

（四）留党察看；

（五）开除党籍。

第八条 对严重违犯党纪的党组织的纪律处理措施：

（一）改组；

（二）解散。

第九条 党员受到警告处分一年内、受到严重警告处分一年半内，不得在党内提升职务和向党外组织推荐担任高于其原任职务的党外职务。

第十条 撤销党内职务处分，是指撤销受处分党员由党内选举或者组织任命的党内职务。对于在党内担任两个以上职务的，党组织在作处分决定时，应当明确是撤销其一切职务还是某个职务。如果决定撤销其某个职务，必须撤销其担任的最高职务。如果决定撤销其两个以上职务，则必须从其担任的最高职务开始依次撤销。对于在党外组织担任职务的，应当建议党外组织依照规定作出相应处理。

对于应当受到撤销党内职务处分，但是本人没有担任党内职务的，应当给予其严重警告处分。其中，在党外组织担任职务的，应当建议党外组织撤销其党外职务。

党员受到撤销党内职务处分，或者依照前款规定受到严重警告处分的，二年内不得在党内担任和向党外组织推荐担任与其原任职务相当或者高于其原任职务的职务。

第十一条 留党察看处分，分为留党察看一年、留党察看二年。对于受到留党察看处分一年的党员，期满后仍不符合恢复党员权利条件的，应当延长一年留党察看期限。留党察看期限最长不得超过二年。

党员受留党察看处分期间，没有表决权、选举权和被选举权。留党察看期间，确有悔改表现的，期满后恢复其党员权利；坚持不改或者又发现其他应当受到党纪处分的违纪行为的，应当开除党籍。

党员受到留党察看处分，其党内职务自然撤销。对于担任党外职务的，应当建议党外组织撤销其党外职务。受到留党察看处分的党员，恢复党员权利后二年内，不得在党内担任和向党外组织推荐担任与其原任职务相当或者高于其原任职务的职务。

第十二条 党员受到开除党籍处分，五年内不得重新入党。另有规定不准重新入党的，依照规定。

第十三条 党的各级代表大会的代表受到留党察看以上（含留党察看）处分的，党组织应当终止其代表资格。

第十四条 对于严重违犯党纪、本身又不能纠正的党组织领导机构，应当予以改组。受到改组处理的党组织领导机构成员，除应当受到撤销党内职务以上（含撤销党内职务）处分的外，均自然免职。

第十五条 对于全体或者多数党员严重违犯党纪的党组织，应当予以解散。对于受到解散处理的党组织中的党员，应当逐个审查。其中，符合党员条件的，应当重新登记，并参加新的组织过党的生活；不符合党员条件的，应当对其进行教育、限期改正，经教育仍无转变的，予以劝退或者除名；有违纪行为的，依照规定予以追究。

第三章　纪律处分运用规则

第十六条 有下列情形之一的，可以从轻或者减轻处分：

（一）主动交代本人应当受到党纪处分的问题的；

（二）检举同案人或者其他人应当受到党纪处分或者法律追究的问题，经查证属实的；

（三）主动挽回损失、消除不良影响或者有效阻止危害结果发生的；

（四）主动上交违纪所得的；

（五）有其他立功表现的。

第十七条 根据案件的特殊情况，由中央纪委决定或者经省（部）级纪委（不含副省级市纪委）决定并呈报中央纪委批准，对违纪党员也可以在本条例规定的处分幅度以外减轻处分。

第十八条 对于党员违犯党纪应当给予警告或者严重警告处分，但是具有本条例第十六条规定的情形之一或者本条例分则中另有规定的，可以给予批评教育或者组织处理，免予党纪处分。对违纪党员免予处分，应当作出书面结论。

第十九条 有下列情形之一的，应当从重或者加重处分：

（一）在纪律集中整饬过程中，不收敛、不收手的；

（二）强迫、唆使他人违纪的；

（三）本条例另有规定的。

第二十条 故意违纪受处分后又因故意违纪应当受到党纪处分的，应当从重处分。

党员违纪受到党纪处分后，又被发现其受处分前的违纪行为应当受到党纪处分的，应当从重处分。

第二十一条 从轻处分，是指在本条例规定的违纪行为应当受到的处分幅度以内，给予较轻的处分。

从重处分，是指在本条例规定的违纪行为应当受到的处分幅度以内，给予较重的处分。

第二十二条 减轻处分，是指在本条例规定的违纪行为应当受到的处分幅度以外，减轻一档给予处分。

加重处分，是指在本条例规定的违纪行为应当受到的处分幅度以外，加重一档给予处分。

本条例规定的只有开除党籍处分一个档次的违纪行为，不适用第一款减轻处分的规定。

第二十三条 一人有本条例规定的两种以上（含两种）应当受到党纪处分的违纪行为，应当合并处理，按其数种违纪行为中应当受到的最高处分加重一档给予处分；其中一种违纪行为应当受到开除党籍处分的，应当给予开除党籍处分。

第二十四条 一个违纪行为同时触犯本条例两个以上（含两个）条款的，依照处分较重的条款定性处理。

一个条款规定的违纪构成要件全部包含在另一个条款规定的违纪构成要件中，特别规定与一般规定不一致的，适用特别规定。

第二十五条 二人以上（含二人）共同故意违纪的，对为首者，从重处分，本条例另有规定的除外；对其他成员，按照其在共同违纪中所起的作用和应负的责任，分别给予处分。

对于经济方面共同违纪的，按照个人所得数额及其所起作用，分别给予处分。对违纪集团的首要分子，按照集团违纪的总数额处分；对其他共同违纪的为首者，情节严重的，按照共同违纪的总数额处分。

教唆他人违纪的，应当按照其在共同违纪中所起的作用追究党纪责任。

第二十六条 党组织领导机构集体作出违犯党纪的决定或者实施其他违犯党纪的行为，对具有共同故意的成员，按共同违纪处理；对过失违纪的成员，按照各自在集体违纪中所起的作用和应负的责任分别给予处分。

全面从严治党新举措

第四章 对违法犯罪党员的纪律处分

第二十七条 党组织在纪律审查中发现党员有贪污贿赂、失职渎职等刑法规定的行为涉嫌犯罪的,应当给予撤销党内职务、留党察看或者开除党籍处分。

第二十八条 党组织在纪律审查中发现党员有刑法规定的行为,虽不涉及犯罪但须追究党纪责任的,应当视具体情节给予警告直至开除党籍处分。

第二十九条 党组织在纪律审查中发现党员有其他违法行为,影响党的形象,损害党、国家和人民利益的,应当视情节轻重给予党纪处分。

对有丧失党员条件,严重败坏党的形象行为的,应当给予开除党籍处分。

第三十条 党员受到党纪追究,涉嫌违法犯罪的,应当及时移送有关国家机关依法处理。需要给予行政处分或者其他纪律处分的,应当向有关机关或者组织提出建议。

第三十一条 党员被依法逮捕的,党组织应当按照管理权限中止其表决权、选举权和被选举权等党员权利。根据司法机关处理结果,可以恢复其党员权利的,应当及时予以恢复。

第三十二条 党员犯罪情节轻微,人民检察院依法作出不起诉决定的,或者人民法院依法作出有罪判决并免予刑事处罚的,应当给予撤销党内职务、留党察看或者开除党籍处分。

党员犯罪，被单处罚金的，依照前款规定处理。

第三十三条 党员犯罪，有下列情形之一的，应当给予开除党籍处分：

（一）因故意犯罪被依法判处刑法规定的主刑（含宣告缓刑）的；

（二）被单处或者附加剥夺政治权利的；

（三）因过失犯罪，被依法判处三年以上（不含三年）有期徒刑的。

因过失犯罪被判处三年以下（含三年）有期徒刑或者被判处管制、拘役的，一般应当开除党籍。对于个别可以不开除党籍的，应当对照处分党员批准权限的规定，报请再上一级党组织批准。

第三十四条 党员依法受到刑事责任追究的，党组织应当根据司法机关的生效判决、裁定、决定及其认定的事实、性质和情节，依照本条例规定给予党纪处分或者组织处理。

党员依法受到行政处罚、行政处分，应当追究党纪责任的，党组织可以根据生效的行政处罚、行政处分决定认定的事实、性质和情节，经核实后依照本条例规定给予党纪处分或者组织处理。

党员违反国家法律法规，违反企事业单位或者其他社会组织的规章制度受到其他纪律处分，应当追究党纪责任的，党组织在对有关方面认定的事实、性质和情节进行核实后，依照本条例规定给予党纪处分或者组织处理。

党组织作出党纪处分或者组织处理决定后,司法机关、行政机关等依法改变原生效判决、裁定、决定等,对原党纪处分或者组织处理决定产生影响的,党组织应当根据改变后的生效判决、裁定、决定等重新作出相应处理。

第五章 其他规定

第三十五条 预备党员违犯党纪,情节较轻,可以保留预备党员资格的,党组织应当对其批评教育或者延长预备期;情节较重的,应当取消其预备党员资格。

第三十六条 对违纪后下落不明的党员,应当区别情况作出处理:

(一)对有严重违纪行为,应当给予开除党籍处分的,党组织应当作出决定,开除其党籍;

(二)除前项规定的情况外,下落不明时间超过六个月的,党组织应当按照党章规定对其予以除名。

第三十七条 违纪党员在党组织作出处分决定前死亡,或者在死亡之后发现其曾有严重违纪行为,对于应当给予开除党籍处分的,开除其党籍;对于应当给予留党察看以下(含留党察看)处分的,作出书面结论,不再给予党纪处分。

第三十八条 违纪行为有关责任人员的区分:

(一)直接责任者,是指在其职责范围内,不履行或者不正确履行自己的职责，对造成的损失或者后果起决定性作用的党员或者党员领导干部。

（二）主要领导责任者，是指在其职责范围内，对直接主管的工作不履行或者不正确履行职责，对造成的损失或者后果负直接领导责任的党员领导干部。

（三）重要领导责任者，是指在其职责范围内，对应管的工作或者参与决定的工作不履行或者不正确履行职责，对造成的损失或者后果负次要领导责任的党员领导干部。

本条例所称领导责任者，包括主要领导责任者和重要领导责任者。

第三十九条　本条例所称主动交代，是指涉嫌违纪的党员在组织初核前向有关组织交代自己的问题，或者在初核和立案调查其问题期间交代组织未掌握的问题。

在初核、立案调查过程中，涉嫌违纪的党员能够配合调查工作，如实坦白组织已掌握的其本人主要违纪事实的，可以从轻处分。

第四十条　计算经济损失主要计算直接经济损失。直接经济损失，是指与违纪行为有直接因果关系而造成财产损毁的实际价值。

第四十一条　对于违纪行为所获得的经济利益，应当收缴或者责令退赔。

对于违纪行为所获得的职务、职称、学历、学位、奖励、资格等其他利益，应当由承办案件的纪检机关或者由其上级纪检机关建议有关组织、部门、单位按照规定予以纠正。

对于依照本条例第三十六条、第三十七条规定处理的党员，经调查确属其实施违纪行为获得的利益，依照本条规定处理。

第四十二条 党纪处分决定作出后，应当在一个月内向受处分党员所在党的基层组织中的全体党员及其本人宣布，并按照干部管理权限和组织关系将处分决定材料归入受处分者档案；对于受到撤销党内职务以上（含撤销党内职务）处分的，还应当在一个月内办理职务、工资等相应变更手续；涉及撤销或者调整其党外职务的，应当建议党外组织及时撤销或者调整其党外职务。特殊情况下，经作出或者批准作出处分决定的组织批准，可以适当延长办理期限。办理期限最长不得超过六个月。

第四十三条 执行党纪处分决定的机关或者受处分党员所在单位，应当在六个月内将处分决定的执行情况向作出或者批准处分决定的机关报告。

第四十四条 本条例总则适用于有党纪处分规定的其他党内法规，但是中共中央发布或者批准发布的其他党内法规有特别规定的除外。

第二编　分　则

第六章　对违反政治纪律行为的处分

第四十五条 通过信息网络、广播、电视、报刊、书籍、讲座、论坛、报告会、座谈会等方式，公开发表坚持资产阶级自由化立场、反对四项基本原则，反对党的改革开放决策的文章、演说、宣言、声明等的，给予开除党籍处分。

发布、播出、刊登、出版前款所列文章、演说、宣言、声明等或者为上述行为提供方便条件的，对直接责任者和领导责任者，给予严重警告或者撤销党内职务处分；情节严重的，给予留党察看或者开除党籍处分。

第四十六条 通过信息网络、广播、电视、报刊、书籍、讲座、论坛、报告会、座谈会等方式，有下列行为之一，情节较轻的，给予警告或者严重警告处分；情节较重的，给予撤销党内职务或者留党察看处分；情节严重的，给予开除党籍处分：

（一）公开发表违背四项基本原则，违背、歪曲党的改革开放决策，或者其他有严重政治问题的文章、演说、宣言、声明等的；

（二）妄议中央大政方针，破坏党的集中统一的；

（三）丑化党和国家形象，或者诋毁、诬蔑党和国家领导人，或者歪曲党史、军史的。

发布、播出、刊登、出版前款所列内容或者为上述行为提供方便条件的，对直接责任者和领导责任者，给予严重警告或者撤销党内职务处分；情节严重的，给予留党察看或者开除党籍处分。

第四十七条 制作、贩卖、传播第四十五条、第四十六条所列内容之一的书刊、音像制品、电子读物、网络音视频资料等，情节较轻的，给予警告或者严重警告处分；情节较重的，给予撤销党内职务或者留党察看处分;情节严重的,给予开除党籍处分。

私自携带、寄递第四十五条、第四十六条所列内容之一的书刊、音像制品、电子读物等入出境,情节较重的,给予警告或者严重警告处分;情节严重的,给予撤销党内职务、留党察看或者开除党籍处分。

第四十八条 组织、参加反对党的基本理论、基本路线、基本纲领、基本经验、基本要求或者重大方针政策的集会、游行、示威等活动的,或者以组织讲座、论坛、报告会、座谈会等方式,反对党的基本理论、基本路线、基本纲领、基本经验、基本要求或者重大方针政策,造成严重不良影响的,对策划者、组织者和骨干分子,给予开除党籍处分。

对其他参加人员或者以提供信息、资料、财物、场地等方式支持上述活动者,情节较轻的,给予警告或者严重警告处分;情节较重的,给予撤销党内职务或者留党察看处分;情节严重的,给予开除党籍处分。

对不明真相被裹挟参加,经批评教育后确有悔改表现的,可以免予处分或者不予处分。

未经组织批准参加其他集会、游行、示威等活动,情节较轻的,给予警告或者严重警告处分;情节较重的,给予撤销党内职务或者留党察看处分;情节严重的,给予开除党籍处分。

第四十九条 组织、参加旨在反对党的领导、反对社会主义制度或者敌视政府等组织的,对策划者、组织者和骨干分子,给予开除党籍处分。

对其他参加人员，情节较轻的，给予警告或者严重警告处分；情节较重的，给予撤销党内职务或者留党察看处分；情节严重的，给予开除党籍处分。

第五十条 组织、参加会道门或者邪教组织的，对策划者、组织者和骨干分子，给予开除党籍处分。

对其他参加人员，情节较轻的，给予警告或者严重警告处分；情节较重的，给予撤销党内职务或者留党察看处分；情节严重的，给予开除党籍处分。

对不明真相的参加人员，经批评教育后确有悔改表现的，可以免予处分或者不予处分。

第五十一条 在党内组织秘密集团或者组织其他分裂党的活动的，给予开除党籍处分。

参加秘密集团或者参加其他分裂党的活动的，给予留党察看或者开除党籍处分。

第五十二条 在党内搞团团伙伙、结党营私、拉帮结派、培植私人势力或者通过搞利益交换、为自己营造声势等活动捞取政治资本的，给予严重警告或者撤销党内职务处分；情节严重的，给予留党察看或者开除党籍处分。

第五十三条 有下列行为之一的，对直接责任者和领导责任者，给予严重警告或者撤销党内职务处分；情节严重的，给予留党察看或者开除党籍处分：

（一）拒不执行党和国家的方针政策以及决策部署的；

（二）故意作出与党和国家的方针政策以及决策部署相违背的决定的；

（三）擅自对应当由中央决定的重大政策问题作出决定和对外发表主张的。

第五十四条 挑拨民族关系制造事端或者参加民族分裂活动的，对策划者、组织者和骨干分子，给予开除党籍处分。

对其他参加人员，情节较轻的，给予警告或者严重警告处分；情节较重的，给予撤销党内职务或者留党察看处分；情节严重的，给予开除党籍处分。

对不明真相被裹挟参加，经批评教育后确有悔改表现的，可以免予处分或者不予处分。

有其他违反党和国家民族政策的行为，情节较轻的，给予警告或者严重警告处分；情节较重的，给予撤销党内职务或者留党察看处分；情节严重的，给予开除党籍处分。

第五十五条 组织、利用宗教活动反对党的路线、方针、政策和决议，破坏民族团结的，对策划者、组织者和骨干分子，给予留党察看或者开除党籍处分。

对其他参加人员，情节较轻的，给予警告或者严重警告处分；情节较重的，给予撤销党内职务或者留党察看处分；情节严重的，给予开除党籍处分。

对不明真相被裹挟参加，经批评教育后确有悔改表现的，可以免予处分或者不予处分。

有其他违反党和国家宗教政策的行为，情节较轻的，给予警告或者严重警告处分；情节较重的，给予撤销党内职务或者留党察看处分；情节严重的，给予开除党籍处分。

第五十六条 组织、利用宗族势力对抗党和政府，妨碍党和国家的方针政策以及决策部署的实施，或者破坏党的基层组织建设的，对策划者、组织者和骨干分子，给予留党察看或者开除党籍处分。

对其他参加人员，情节较轻的，给予警告或者严重警告处分；情节较重的，给予撤销党内职务或者留党察看处分；情节严重的，给予开除党籍处分。

对不明真相被裹挟参加，经批评教育后确有悔改表现的，可以免予处分或者不予处分。

第五十七条 对抗组织审查，有下列行为之一的，给予警告或者严重警告处分；情节较重的，给予撤销党内职务或者留党察看处分；情节严重的，给予开除党籍处分：

（一）串供或者伪造、销毁、转移、隐匿证据的；

（二）阻止他人揭发检举、提供证据材料的；

（三）包庇同案人员的；

（四）向组织提供虚假情况，掩盖事实的；

（五）有其他对抗组织审查行为的。

第五十八条 组织迷信活动的，给予撤销党内职务或者留党察看处分；情节严重的，给予开除党籍处分。

参加迷信活动，造成不良影响的，给予警告或者严重警告处分；情节较重的，给予撤销党内职务或者留党察看处分；情节严重的，给予开除党籍处分。

对不明真相的参加人员，经批评教育后确有悔改表现的，可以免予处分或者不予处分。

第五十九条 在国（境）外、外国驻华使（领）馆申请政治避难，或者违纪后逃往国（境）外、外国驻华使（领）馆的，给予开除党籍处分。

在国（境）外公开发表反对党和政府的文章、演说、宣言、声明等的，依照前款规定处理。

故意为上述行为提供方便条件的，给予留党察看或者开除党籍处分。

第六十条 在涉外活动中，其言行在政治上造成恶劣影响，损害党和国家尊严、利益的，给予撤销党内职务或者留党察看处分；情节严重的，给予开除党籍处分。

第六十一条 党员领导干部对违反政治纪律和政治规矩等错误思想和行为放任不管，搞无原则一团和气，造成不良影响的，给予警告或者严重警告处分；情节严重的，给予撤销党内职务或者留党察看处分。

第六十二条 违反党的优良传统和工作惯例等党的规矩，在政治上造成不良影响的，给予警告或者严重警告处分；情节较重的，给予撤销党内职务或者留党察看处分；情节严重的，给予开除党籍处分。

第七章　对违反组织纪律行为的处分

第六十三条　违反民主集中制原则，拒不执行或者擅自改变党组织作出的重大决定，或者违反议事规则，个人或者少数人决定重大问题的，给予警告或者严重警告处分；情节严重的，给予撤销党内职务或者留党察看处分。

第六十四条　下级党组织拒不执行或者擅自改变上级党组织决定的，对直接责任者和领导责任者，给予警告或者严重警告处分；情节严重的，给予撤销党内职务或者留党察看处分。

第六十五条　拒不执行党组织的分配、调动、交流等决定的，给予警告、严重警告或者撤销党内职务处分。

在特殊时期或者紧急状况下，拒不执行党组织决定的，给予留党察看或者开除党籍处分。

第六十六条　不按照有关规定或者工作要求，向组织请示报告重大问题、重要事项的，给予警告或者严重警告处分；情节严重的，给予撤销党内职务或者留党察看处分。

不按要求报告或者不如实报告个人去向，情节较重的，给予警告或者严重警告处分。

第六十七条　有下列行为之一，情节较重的，给予警告或者严

重警告处分:

(一)违反个人有关事项报告规定,不报告、不如实报告的;

(二)在组织进行谈话、函询时,不如实向组织说明问题的;

(三)不如实填报个人档案资料的。

篡改、伪造个人档案资料的,给予严重警告处分;情节严重的,给予撤销党内职务或者留党察看处分。

隐瞒入党前严重错误的,一般应当予以除名;对入党后表现尚好的,给予严重警告、撤销党内职务或者留党察看处分。

第六十八条 党员领导干部违反有关规定组织、参加自发成立的老乡会、校友会、战友会等,情节严重的,给予警告、严重警告或者撤销党内职务处分。

第六十九条 诬告陷害他人意在使他人受纪律追究的,给予警告或者严重警告处分;情节较重的,给予撤销党内职务或者留党察看处分;情节严重的,给予开除党籍处分。

第七十条 侵犯党员的表决权、选举权和被选举权,情节较重的,给予警告或者严重警告处分;情节严重的,给予撤销党内职务处分。

以强迫、威胁、欺骗、拉拢等手段,妨害党员自主行使表决权、选举权和被选举权的,给予撤销党内职务、留党察看或者开除党籍处分。

第七十一条 有下列行为之一的,给予警告或者严重警告处分;情节较重的,给予撤销党内职务或者留党察看处分;情节严

重的,给予开除党籍处分:

(一)对批评、检举、控告进行阻挠、压制,或者将批评、检举、控告材料私自扣压、销毁,或者故意将其泄露给他人的;

(二)对党员的申辩、辩护、作证等进行压制,造成不良后果的;

(三)压制党员申诉,造成不良后果的,或者不按照有关规定处理党员申诉的;

(四)有其他侵犯党员权利行为,造成不良后果的。

对批评人、检举人、控告人、证人及其他人员打击报复的,依照前款规定从重或者加重处分。

党组织有上述行为的,对直接责任者和领导责任者,依照第一款规定处理。

第七十二条　有下列行为之一的,给予警告或者严重警告处分;情节较重的,给予撤销党内职务或者留党察看处分;情节严重的,给予开除党籍处分:

(一)在民主推荐、民主测评、组织考察和党内选举中搞拉票、助选等非组织活动的;

(二)在法律规定的投票、选举活动中违背组织原则搞非组织活动,组织、怂恿、诱使他人投票、表决的;

(三)在选举中进行其他违反党章、其他党内法规和有关章程活动的。

第七十三条　在干部选拔任用工作中,违反干部选拔任用规定,对直接责任者和领导责任者,情节较轻的,给予警告或者严重警告处分；情节较重的，给予撤销党内职务或者留党察看处分；情节严重的，给予开除党籍处分。

用人失察失误造成严重后果的，对直接责任者和领导责任者，依照前款规定处理。

第七十四条　在干部、职工的录用、考核、职务晋升、职称评定和征兵、安置复转军人等工作中，隐瞒、歪曲事实真相，或者利用职权或者职务上的影响违反有关规定为本人或者其他人谋取利益的，给予警告或者严重警告处分；情节较重的，给予撤销党内职务或者留党察看处分；情节严重的，给予开除党籍处分。

弄虚作假，骗取职务、职级、职称、待遇、资格、学历、学位、荣誉或者其他利益的，依照前款规定处理。

第七十五条　违反党章和其他党内法规的规定，采取弄虚作假或者其他手段把不符合党员条件的人发展为党员，或者为非党员出具党员身份证明的，对直接责任者和领导责任者，给予警告或者严重警告处分；情节严重的，给予撤销党内职务处分。

违反有关规定程序发展党员的，对直接责任者和领导责任者，依照前款规定处理。

第七十六条　违反有关规定取得外国国籍或者获取国（境）外永久居留资格、长期居留许可的，给予撤销党内职务、留党察看或者开除党籍处分。

第七十七条　违反有关规定办理因私出国（境）证件、前往港澳通行证，或者未经批准出入国（边）境，情节较轻的，给予警告或者严重警告处分；情节较重的，给予撤销党内职务处分；情节严重的，给予留党察看处分。

第七十八条 驻外机构或者临时出国（境）团（组）中的党员擅自脱离组织，或者从事外事、机要、军事等工作的党员违反有关规定同国（境）外机构、人员联系和交往的，给予警告、严重警告或者撤销党内职务处分。

第七十九条 驻外机构或者临时出国（境）团（组）中的党员，脱离组织出走时间不满六个月又自动回归的，给予撤销党内职务或者留党察看处分；脱离组织出走时间超过六个月的，按照自行脱党处理，党内予以除名。

故意为他人脱离组织出走提供方便条件的，给予警告、严重警告或者撤销党内职务处分。

第八章 对违反廉洁纪律行为的处分

第八十条 利用职权或者职务上的影响为他人谋取利益，本人的配偶、子女及其配偶等亲属和其他特定关系人收受对方财物，情节较重的，给予警告或者严重警告处分；情节严重的，给予撤销党内职务、留党察看或者开除党籍处分。

第八十一条 相互利用职权或者职务上的影响为对方及其配偶、子女及其配偶等亲属、身边工作人员和其他特定关系人谋取利益搞权权交易的，给予警告或者严重警告处分；情节较重的，给予撤销党内职务或者留党察看处分；情节严重的，给予开除党籍处分。

第八十二条 纵容、默许配偶、子女及其配偶等亲属和身边工作人员利用党员干部本人职权或者职务上的影响谋取私利，情节较轻的，给予警告或者严重警告处分；情节较重的，给予撤销党内职务或者留党察看处分；情节严重的，给予开除党籍处分。

党员干部的配偶、子女及其配偶不实际工作而获取薪酬或者虽实际工作但领取明显超出同职级标准薪酬，党员干部知情未予纠正的，依照前款规定处理。

第八十三条 收受可能影响公正执行公务的礼品、礼金、消费卡等，情节较轻的，给予警告或者严重警告处分；情节较重的，给予撤销党内职务或者留党察看处分；情节严重的，给予开除党籍处分。

收受其他明显超出正常礼尚往来的礼品、礼金、消费卡等的，依照前款规定处理。

第八十四条 向从事公务的人员及其配偶、子女及其配偶等亲属和其他特定关系人赠送明显超出正常礼尚往来的礼品、礼金、消费卡等，情节较重的，给予警告或者严重警告处分；情节严重的，给予撤销党内职务或者留党察看处分。

第八十五条 利用职权或者职务上的影响操办婚丧喜庆事宜，在社会上造成不良影响的，给予警告或者严重警告处分；情节严重的，给予撤销党内职务处分。

在操办婚丧喜庆事宜中,借机敛财或者有其他侵犯国家、集体和人民利益行为的,依照前款规定从重或者加重处分,直至开除党籍。

第八十六条 接受可能影响公正执行公务的宴请或者旅游、健身、娱乐等活动安排,情节较重的,给予警告或者严重警告处分;情节严重的,给予撤销党内职务或者留党察看处分。

第八十七条 违反有关规定取得、持有、实际使用运动健身卡、会所和俱乐部会员卡、高尔夫球卡等各种消费卡,或者违反有关规定出入私人会所,情节较重的,给予警告或者严重警告处分;情节严重的,给予撤销党内职务或者留党察看处分。

第八十八条 违反有关规定从事营利活动,有下列行为之一,情节较轻的,给予警告或者严重警告处分;情节较重的,给予撤销党内职务或者留党察看处分;情节严重的,给予开除党籍处分:

(一)经商办企业的;

(二)拥有非上市公司(企业)的股份或者证券的;

(三)买卖股票或者进行其他证券投资的;

(四)从事有偿中介活动的;

(五)在国(境)外注册公司或者投资入股的;

(六)有其他违反有关规定从事营利活动的。

利用职权或者职务上的影响,为本人配偶、子女及其配偶等亲属和其他特定关系人的经营活动谋取利益的,依照前款规定处理。

违反有关规定在经济实体、社会团体等单位中兼职，或者经批准兼职但获取薪酬、奖金、津贴等额外利益的，依照第一款规定处理。

第八十九条 党员领导干部离职或者退（离）休后违反有关规定接受原任职务管辖的地区和业务范围内的企业和中介机构的聘任，或者个人从事与原任职务管辖业务相关的营利活动，情节较轻的，给予警告或者严重警告处分；情节较重的，给予撤销党内职务处分；情节严重的，给予留党察看处分。

党员领导干部离职或者退（离）休后违反有关规定担任上市公司、基金管理公司独立董事、独立监事等职务，情节较轻的，给予警告或者严重警告处分；情节较重的，给予撤销党内职务处分；情节严重的，给予留党察看处分。

第九十条 党员领导干部的配偶、子女及其配偶，违反有关规定在该党员领导干部管辖的区域或者业务范围内从事可能影响其公正执行公务的经营活动，或者在该党员领导干部管辖的区域或者业务范围内的外商独资企业、中外合资企业中担任由外方委派、聘任的高级职务的，该党员领导干部应当按照规定予以纠正；拒不纠正的，其本人应当辞去现任职务或者由组织予以调整职务；不辞去现任职务或者不服从组织调整职务的，给予撤销党内职务处分。

第九十一条 党和国家机关违反有关规定经商办企业的，对直接责任者和领导责任者，给予警告或者严重警告处分；情节严重的，给予撤销党内职务处分。

第九十二条 党员领导干部违反工作、生活保障制度,在交通、医疗、警卫等方面为本人、配偶、子女及其配偶等亲属和其他特定关系人谋求特殊待遇,情节较重的,给予警告或者严重警告处分;情节严重的,给予撤销党内职务或者留党察看处分。

第九十三条 在分配、购买住房中侵犯国家、集体利益,情节较轻的,给予警告或者严重警告处分;情节较重的,给予撤销党内职务或者留党察看处分;情节严重的,给予开除党籍处分。

第九十四条 利用职权或者职务上的影响,侵占非本人经管的公私财物,或者以象征性地支付钱款等方式侵占公私财物,或者无偿、象征性地支付报酬接受服务、使用劳务,情节较轻的,给予警告或者严重警告处分;情节较重的,给予撤销党内职务或者留党察看处分;情节严重的,给予开除党籍处分。

利用职权或者职务上的影响,将本人、配偶、子女及其配偶等亲属应当由个人支付的费用,由下属单位、其他单位或者他人支付、报销的,依照前款规定处理。

第九十五条 利用职权或者职务上的影响,违反有关规定占用公物归个人使用,时间超过六个月,情节较重的,给予警告或者严重警告处分;情节严重的,给予撤销党内职务处分。

占用公物进行营利活动的,给予警告或者严重警告处分;情节较重的,给予撤销党内职务或者留党察看处分;情节严重的,给予开除党籍处分。

将公物借给他人进行营利活动的,依照前款规定处理。

第九十六条　违反有关规定组织、参加用公款支付的宴请、高消费娱乐、健身活动,或者用公款购买赠送、发放礼品,对直接责任者和领导责任者,情节较轻的,给予警告或者严重警告处分;情节较重的,给予撤销党内职务或者留党察看处分;情节严重的,给予开除党籍处分。

第九十七条　违反有关规定自定薪酬或者滥发津贴、补贴、奖金等,对直接责任者和领导责任者,情节较轻的,给予警告或者严重警告处分;情节较重的,给予撤销党内职务或者留党察看处分;情节严重的,给予开除党籍处分。

第九十八条　有下列行为之一,对直接责任者和领导责任者,情节较轻的,给予警告或者严重警告处分;情节较重的,给予撤销党内职务或者留党察看处分;情节严重的,给予开除党籍处分:

(一)用公款旅游、借公务差旅之机旅游或者以公务差旅为名变相旅游的;

(二)以考察、学习、培训、研讨、招商、参展等名义变相用公款出国(境)旅游的。

第九十九条　违反公务接待管理规定,超标准、超范围接待或者借机大吃大喝,对直接责任者和领导责任者,情节较重的,给予警告或者严重警告处分;情节严重的,给予撤销党内职务处分。

第一百条　违反有关规定配备、购买、更换、装饰、使用公务用车或者有其他违反公务用车管理规定的行为，对直接责任者和领导责任者，情节较重的，给予警告或者严重警告处分；情节严重的，给予撤销党内职务或者留党察看处分。

第一百零一条 违反会议活动管理规定，有下列行为之一，对直接责任者和领导责任者，情节较重的，给予警告或者严重警告处分；情节严重的，给予撤销党内职务处分：

（一）到禁止召开会议的风景名胜区开会的；

（二）决定或者批准举办各类节会、庆典活动的。

擅自举办评比达标表彰活动或者借评比达标表彰活动收取费用的，依照前款规定处理。

第一百零二条 违反办公用房管理规定，有下列行为之一，对直接责任者和领导责任者，情节较重的，给予警告或者严重警告处分；情节严重的，给予撤销党内职务处分：

（一）决定或者批准兴建、装修办公楼、培训中心等楼堂馆所，超标准配备、使用办公用房的；

（二）用公款包租、占用客房或者其他场所供个人使用的。

第一百零三条 搞权色交易或者给予财物搞钱色交易的，给予警告或者严重警告处分；情节较重的，给予撤销党内职务或者留党察看处分；情节严重的，给予开除党籍处分。

第一百零四条 有其他违反廉洁纪律规定行为的，应当视具体情节给予警告直至开除党籍处分。

第九章 对违反群众纪律行为的处分

第一百零五条 有下列行为之一，对直接责任者和领导责任者，情节较轻的，给予警告或者严重警告处分；情节较重的，给予撤销党内职务或者留党察看处分；情节严重的，给予开除党籍处分：

（一）超标准、超范围向群众筹资筹劳、摊派费用，加重群众负担的；

（二）违反有关规定扣留、收缴群众款物或者处罚群众的；

（三）克扣群众财物，或者违反有关规定拖欠群众钱款的；

（四）在管理、服务活动中违反有关规定收取费用的；

（五）在办理涉及群众事务时刁难群众、吃拿卡要的；

（六）有其他侵害群众利益行为的。

第一百零六条 干涉群众生产经营自主权，致使群众财产遭受较大损失的，对直接责任者和领导责任者，给予警告或者严重警告处分；情节严重的，给予撤销党内职务或者留党察看处分。

第一百零七条 在社会保障、政策扶持、救灾救济款物分配等事项中优亲厚友、明显有失公平的，给予警告或者严重警告处分；情节严重的，给予撤销党内职务或者留党察看处分。

第一百零八条 有下列行为之一，对直接责任者和领导责任者，情节较重的，给予警告或者严重警告处分；情节严重的，给予撤销党内职务或者留党察看处分：

（一）对涉及群众生产、生活等切身利益的问题依照政策或者

有关规定能解决而不及时解决,造成不良影响的;

(二)对符合政策的群众诉求消极应付、推诿扯皮,损害党群、干群关系的;

(三)对待群众态度恶劣、简单粗暴,造成不良影响的;

(四)弄虚作假,欺上瞒下,损害群众利益的。

第一百零九条 不顾群众意愿,盲目铺摊子、上项目,致使国家、集体或者群众财产和利益遭受较大损失的,对直接责任者和领导责任者,给予警告或者严重警告处分;情节严重的,给予撤销党内职务或者留党察看处分。

第一百一十条 遇到国家财产和群众生命财产受到严重威胁时,能救而不救,情节较重的,给予警告、严重警告或者撤销党内职务处分;情节严重的,给予留党察看或者开除党籍处分。

第一百一十一条 不按照规定公开党务、政务、厂务、村(居)务等,侵犯群众知情权,对直接责任者和领导责任者,情节较重的,给予警告或者严重警告处分;情节严重的,给予撤销党内职务或者留党察看处分。

第一百一十二条 有其他违反群众纪律规定行为的,应当视具体情节给予警告直至开除党籍处分。

第十章 对违反工作纪律行为的处分

第一百一十三条 党组织负责人在工作中不负责任或者疏于

管理，有下列情形之一，给党、国家和人民利益以及公共财产造成较大损失的，对直接责任者和领导责任者，给予警告或者严重警告处分；造成重大损失的，给予撤销党内职务、留党察看或者开除党籍处分：

（一）不传达贯彻、不检查督促落实党和国家的方针政策以及决策部署，或者作出违背党和国家方针政策以及决策部署的错误决策的；

（二）本地区、本部门、本系统和本单位发生公开反对党的基本理论、基本路线、基本纲领、基本经验、基本要求或者党和国家方针政策以及决策部署行为的。

第一百一十四条　党组织不履行全面从严治党主体责任或者履行全面从严治党主体责任不力，造成严重损害或者严重不良影响的，对直接责任者和领导责任者，给予警告或者严重警告处分；情节严重的，给予撤销党内职务或者留党察看处分。

第一百一十五条　党组织有下列行为之一，对直接责任者和领导责任者，情节较重的，给予警告或者严重警告处分；情节严重的，给予撤销党内职务或者留党察看处分：

（一）党员被依法判处刑罚后，不按照规定给予党纪处分，或者对违反国家法律法规的行为，应当给予党纪处分而不处分的；

（二）党纪处分决定或者申诉复查决定作出后，不按照规定落实决定中关于被处分人党籍、职务、职级、待遇等事项的；

（三）党员受到党纪处分后，不按照干部管理权限和组织关系对受处分党员开展日常教育、管理和监督工作的。

第一百一十六条 因工作不负责任致使所管理的人员叛逃的，对直接责任者和领导责任者，给予警告或者严重警告处分；情节严重的，给予撤销党内职务处分。

因工作不负责任致使所管理的人员出走，对直接责任者和领导责任者，情节较重的，给予警告或者严重警告处分；情节严重的，给予撤销党内职务处分。

第一百一十七条 在上级单位检查、视察工作或者向上级单位汇报、报告工作时对应当报告的事项不报告或者不如实报告，造成严重损害或者严重不良影响的，对直接责任者和领导责任者，给予警告或者严重警告处分；情节严重的，给予撤销党内职务或者留党察看处分。

第一百一十八条 党员领导干部违反有关规定干预和插手市场经济活动，有下列行为之一，造成不良影响的，给予警告或者严重警告处分；情节较重的，给予撤销党内职务或者留党察看处分；情节严重的，给予开除党籍处分：

（一）干预和插手建设工程项目承发包、土地使用权出让、政府采购、房地产开发与经营、矿产资源开发利用、中介机构服务等活动的；

（二）干预和插手国有企业重组改制、兼并、破产、产权交易、清产核资、资产评估、资产转让、重大项目投资以及其他重大经营活动等事项的；

（三）干预和插手批办各类行政许可和资金借贷等事项的；

（四）干预和插手经济纠纷的；

（五）干预和插手集体资金、资产和资源的使用、分配、承包、租赁等事项的。

第一百一十九条 党员领导干部违反有关规定干预和插手司法活动、执纪执法活动，向有关地方或者部门打招呼、说情，或者以其他方式对司法活动、执纪执法活动施加影响，情节较轻的，给予严重警告处分；情节较重的，给予撤销党内职务或者留党察看处分；情节严重的，给予开除党籍处分。

党员领导干部违反有关规定干预和插手公共财政资金分配、项目立项评审、政府奖励表彰等活动，造成重大损失或者不良影响的，依照前款规定处理。

第一百二十条 泄露、扩散或者窃取党组织关于干部选拔任用、纪律审查等尚未公开事项或者其他应当保密的内容的，给予警告或者严重警告处分；情节较重的，给予撤销党内职务或者留党察看处分；情节严重的，给予开除党籍处分。

私自留存涉及党组织关于干部选拔任用、纪律审查等方面资料，情节较重的，给予警告或者严重警告处分；情节严重的，给予撤销党内职务处分。

第一百二十一条 在考试、录取工作中，有泄露试题、考场舞弊、涂改考卷、违规录取等违反有关规定行为的，给予警告或者严重警告处分；情节较重的，给予撤销党内职务或者留党察看处分；

情节严重的,给予开除党籍处分。

第一百二十二条 以不正当方式谋求本人或者其他人用公款出国(境),情节较轻的,给予警告处分;情节较重的,给予严重警告处分;情节严重的,给予撤销党内职务处分。

第一百二十三条 临时出国(境)团(组)或者人员中的党员,擅自延长在国(境)外期限,或者擅自变更路线的,对直接责任者和领导责任者,给予警告或者严重警告处分;情节严重的,给予撤销党内职务处分。

第一百二十四条 驻外机构或者临时出国(境)团(组)中的党员,触犯驻在国家、地区的法律、法令或者不尊重驻在国家、地区的宗教习俗,情节较重的,给予警告或者严重警告处分;情节严重的,给予撤销党内职务、留党察看或者开除党籍处分。

第一百二十五条 在党的纪律检查、组织、宣传、统一战线工作以及机关工作等其他工作中,不履行或者不正确履行职责,造成损失或者不良影响的,应当视具体情节给予警告直至开除党籍处分。

第十一章 对违反生活纪律行为的处分

第一百二十六条 生活奢靡、贪图享乐、追求低级趣味,造成不良影响的,给予警告或者严重警告处分;情节严重的,给予撤销党内职务处分。

第一百二十七条 与他人发生不正当性关系，造成不良影响的，给予警告或者严重警告处分；情节较重的，给予撤销党内职务或者留党察看处分；情节严重的，给予开除党籍处分。

利用职权、教养关系、从属关系或者其他相类似关系与他人发生性关系的，依照前款规定从重处分。

第一百二十八条 违背社会公序良俗，在公共场所有不当行为，造成不良影响的，给予警告或者严重警告处分；情节较重的，给予撤销党内职务或者留党察看处分；情节严重的，给予开除党籍处分。

第一百二十九条 有其他严重违反社会公德、家庭美德行为的，应当视具体情节给予警告直至开除党籍处分。

第三编 附 则

第一百三十条 各省、自治区、直辖市党委可以根据本条例，结合各自工作的实际情况，制定单项实施规定。

第一百三十一条 中央军事委员会可以根据本条例，结合中国人民解放军和中国人民武装警察部队的实际情况，制定补充规定或者单项规定。

第一百三十二条 本条例由中央纪律检查委员会负责解释。

第一百三十三条 本条例自2016年1月1日起施行。

本条例施行前，已结案的案件如需进行复查复议，适用当时的规定或者政策。尚未结案的案件，如果行为发生时的规定或者政策不认为是违纪，而本条例认为是违纪的，依照当时的规定或者政策处理；如果行为发生时的规定或者政策认为是违纪的，依照当时的规定或者政策处理，但是如果本条例不认为是违纪或者处理较轻的，依照本条例规定处理。